Brama do piątego wymiaru

Księga Pierwsza

Ivan Teller

www.IvanTeller.com

Copyright © 2019 Ivan Teller
Alpha Centauri Publishing
ISBN-13: 978-1-950606-99-3

przełożył Piotr Zarębski

Niniejszy tekst zawdzięczacie istnieniu piątego wymiaru.

Ivan Teller

Spis treści

Bądź pozdrowiona, ludzkości	9
Brama do piątego wymiaru	11
Atlantydzki są aniołami	16
Prawdziwe przebudzenie	21
Gwiazda psa	23
Powiązania Atlantydy, część pierwsza	28
Nowy człowiek	33
Następne 1000 lat	34
Archoni	35
Jezus i Atlantyda	37
Channeling w Syrii. Prawo jednego 4-14-18	40
Mekka	43
Wiadomości ze świata zewnętrznego	46
Gdzie znajduje się Atlantyda i Iluminaci?	48
Lud Quran	52
Quran w innych światach	54
Saturn	57
Życie na Saturnie	60

Obcy i Wniebowstąpienie	65
Kościół Iluminatów w gwiazdach	67
Zamek Iluminatów w gwiazdach	69
Ujawnienie się obcych	72
Wprowadzenie do obcych gatunków	75
Nosorożec z Syriusza	77
Gnomy	79
Goryle z innego wszechświata	81
Świnie	85
Wojsko i Matrix	87
Istoty Międzywymiarowe	91
Człowiek	94
Koci obcy nie zawsze są godni zaufania	97
Życie galaktycznego dyplomaty	101
Jak działają duchy przewodnie	104
Anioły i Demony	109
Faceci w czerni	113
Przebudzenie	117

Ivan Teller

O Książce

Brama do piątego wymiaru, księga pierwsza, jest tekstem odmiennych duchów przewodnich oraz wysokich rad w świecie duchowym, uzyskanych dzięki metodzie channelingu. Można ją nazwać darem z przyszłości. Niniejsza książka jest zaledwie pierwszą częścią i zawiera jedynie niewielką część poświęconego temu materiału. Można ją nazwać oknem na nieznane.

Wiedza jest wiedzą, bez względu na to, w co wierzymy. Informacje tu zawarte służą pomocy w zwiększaniu świadomości nieznanego - nieznanego wykraczającego poza współczesne nauczanie, by osiągnąć szczególny poziom świadomości. Na czym ma to polegać? Na uzdrowieniu trzeciego wymiaru, i porzuceniu problemów obecnego wieku oraz przyswojeniu wiedzy wymiaru wyższego. Będziemy budować statki, i podróżować z prędkością światła. Odkrywać nowe technologie, które będą nam towarzyszyć w naszych zdolnościach telepatycznych wraz, z pojawieniem się nowego głosu rozsądku.

Otworzymy portale i będą one dla nas od tej pory dostrzegalne. Dotkniemy i poczujemy zewnętrzną powłokę innych rzeczywistości. Ludzkość budzi się do nowego stanu świadomości, który obecnie może wydawać się rozproszony, jednak w przyszłości, wszystko stanie się przejrzyste.

Ta książka została wysłana z trzeciego wymiaru. Ma moc uzdrawiania oraz świadomość do czego zdolny jest człowiek wraz ze zdolnościami do zatrzymywania i podróży w czasie. Wasze astralne „Ja" niebawem ujrzy inne rzeczywistości i plany tego, co ma nadejść.

Każdy na tej planecie ma pozaziemskie kontakty. Nadszedł czas przyjęcia tego, co nieznane i podróży po wiedzę znaną jako nieskończone światło. Odkrywanie nieskończonych wymiarów posłuży jeszcze większemu zrozumieniu waszej rzeczywistości. Sięgnięcie po nieskończoną mądrość tchnie w nią nowe życie. Idea temu towarzysząca ma posłużyć zmianie naszej rzeczywistości na lepsze.

Ivan Teller

Moje przebudzenie dokonało się w roku 2011. Wiedziałem wcześniej o istnieniu świata duchowego i miałem też pewne pojęcie o spirytyzmie. Nie było to łatwe życie. Nadal nie należy do najlżejszych.
Łączenie się ze światem niematerialnym i odblokowywanie trzeciego wymiaru nie jest prostym zadaniem. Nasz obecny świat od zawsze przechodził przez fazę uzdrowienia. Gdy kolejny etap, obejmujący następne sto lat zostanie ujawniony, zmieni się sposób w jaki postrzegamy ludzkość.
Poznałem dzięki koledze pewnego tarocistę. Niebawem agresja związana z moją przeszłością połączyła się z moim duchem przewodnikiem pozwalając mi zrozumieć świat duchowy. Wszystko to zdarzyło się w roku 2011. Podczas tego procesu zostałem opętany przez mroczną istotę, której następnie się pozbyłem. W roku 2014 odkryłem, że kolejna taka istota była przy mnie od kiedy byłem dzieckiem. Zdołałem się od niej odciąć i od tego czasu byłem już w pełni świadomy istnienia niewidocznego świata.
Witajcie w prawdziwym świecie.

Ludzkość wybiera patrzenie w drugą stronę, tanią rozrywkę dostarczaną przez horrory i filmy o obcych , nie mając pojęcia, że świat duchowy przemawia do każdego. Ludzkość nie jest dzieckiem lecz, spoglądając w druga stronę zachowuje się w podobny sposób. Ciągłe wymówki nie wystarczą. Jak długo jeszcze ludzkość będziecie odwracać głowę odwiedzając parki rozrywki, które zawierają w sobie obce energie żywiołów Agarthy?
Z pewnością nie wystarczy powiedzenie, „A nie mówiłem?"
Chodzi o opuszczenie starego świata i otworzenie nowego. Zrozumienie swoich zdolności psychicznych , których używamy w życiu codziennym.
15 marca, 2015 roku był dniem mojego pierwszego channelingu.
Podążając krok po kroku za przewodnikiem audio po channelingu, mój duch przewodnik już po pierwszej próbie przeszedł na druga stronę. Przewodnikiem tym był Ullisses, którego następnie odłączyłem. Na szczęście większość ludzi nie musi odłączać swoich przewodników. W rzeczywistości Ullisses został odłączony przez wysoką radę za złe wyniki swojej pracy.

Najwyraźniej wysoka rada musiała mieć klapki na oczach, gdyż Ulissess był problemem od samego początku. Pokochacie te duchowe umowy. Po roku odłączyłem już wszystkich swoich przewodników. Pojawiła się kobieta podająca się za moją bratnią duszę. Darujcie sobie.
Odcinałem przewodników kilkukrotnie. Jeśli ktokolwiek usiłuje manipulować waszymi przewodnikami, podając się za wasza bratnią dusze, jest to niewątpliwie znak, że takiej osoby należy się pozbyć, a przewodników odciąć.
Przy okazji, 15 marca to dzień Id Marcowych, w którym zamordowano Juliusza Cezara. Nigdy nie zapomnę tej daty.
Przez kolejne kilka lat, przywyknięcie do procesu channelingu było celem samym w sobie. W jaki sposób tego dokonałem? Podczas codziennych seminariów internetowych. Pozwól grupie nieznajomych zadawać ci pytania wjeżdżając na autostradę do przyszłości.

Po pierwszym channelingu wiedziałem, że muszę wszystko nagrać. Tak też robię dzisiaj. Używam do tego portalu Youtube, jak podejrzany by się nie wydawał. Zamieszczam tam wszystko z najlepszymi intencjami.
Proces channelingu obcych istot stał się dla mnie ważny z różnych powodów. Jednym z nich jest fakt, że od dziecka wykazywałem się kreatywnością odrzucaną przez wszystkie kultywujące ją ośrodki. Mimo to, nauczyłem się pisać różne scenariusze bez konieczności przestrzegania ustalonych reguł gry.
Przed moim pierwszym channelingiem kończyłem pisać książkę i, być może pewnego dnia ją opublikuję.
To takie frustrujące czuć, że jest się częścią świata, którym, w pewnym sensie, gardzisz.
W rzeczywistości nie żywię żadnych głębszych uczuć do tego świata. Wiem, że jest w nim dobro. Nie obchodzą mnie jego zasady i rozrywki. Można pewnie powiedzieć, że powinienem postarać się bardziej.
Obecnie channeling jest kierunkiem pozwalającym ludzkości odejść od starego sposobu życia.
Pochodzę ze świata tworzenia się obcych istot. Można powiedzieć, że jest to królestwo aniołów. Jest też czymś więcej.
Zaskakujące jest to, jak wiele mrocznych istot zamieszkuje ziemię. Mówiąc o mrocznych istotach mam na myśli demony. Wiele z nich uważa, że posiada każdą wiedzę, a łączenie się z obcymi jest za prostą sprawą. W rzeczywistości wiele z nich jest bardzo przebiegłych. Świat woli jednak oglądać walki demonów z wróżkami i zajmować się zmyślonymi historiami.

Wierzę, że wszyscy są aniołami. Do jakiego rodzaju aniołów należą, to już inna historia. Wiele osób zajmujących się channelingiem jest słaba i ulega manipulacjom. Przyzwijcie obcego i po prostu starajcie się być dla niego miłym.

W sekrecie powiem wam, że oszuści ukrywają się bo ludzie nie są gotowi ujrzeć prawdę.

Chodzi tak naprawdę o walka dobra ze złem i uwolnienie się od zła w ludzkiej świadomości.

Ivan Teller

Ludzkości, bądź pozdrowiona

Witajcie. Nadszedł czas transformacji silnych wibracji. Zdajcie sobie sprawę, że jesteście połączeni z ludźmi z gwiazdy zwierząt. Królestwo zwierząt nie różni się niczym od was samych.

Gdy wasze wibracje się zwiększą, łatwiej przyjdzie też zrozumienie tego, co się dzieje. Dotychczas większość ludzi widziała zwierzęta jako odrębny gatunek, jednak w istocie sami należą do tego grona. Większość z was była zwierzętami na tej planecie zanim pojawił się człowiek.

Ci którzy lubią latać, zazwyczaj wywodzą się z latającej rasy owadów - ich skrzydła są zawsze gotowe do kolejnego lotu.

Nadszedł czas, by człowiek odbudował swoje więzi z wszechświatem. Gdy zacznie, spodziewajcie się niespodziewanego i wypatrujcie wielu zmian na horyzoncie. W przeszłości, wasza planeta pogrążona była w ciemności. Bez drogi wyjścia. Część wiedzy o tym znajduje się w Biblii, w księdze Zachariasza.

Teraz ciemność, w której się znajdujecie to rewolucja przemysłowa, w której technologia przejmuje kontrolę nad waszym życiem. Narodziny sztucznej inteligencji rozpoczęły się w trakcie II Wojny Światowej. Ludzkość musi podjąć decyzję i odnaleźć prawdę lub pozostać w kłamstwie trzeciego wymiaru.

Zdajemy sobie sprawę, że wielu nie będzie chciało nas wysłuchać, wierząc w cokolwiek zechcą i nazywając to prawdą. Istnieją wymiary, które wspierają te systemy wartości i będą nadal trwały w czasach zwątpienia.

Spokój umysłu niewiele różni się od dobrego jedzenia. Wszyscy pragną czuć się dobrze. Nie ma w tym niczego złego, jednak odwracanie wzroku, gdy inni cierpią, wiąże się z zaniedbywaniem bliźnich.

Ocal siebie. Uwolnij swój umysł. Zdaj sobie sprawę z mroku panującego na twojej planecie. Wykaż się chęcią spojrzenia w drugą stronę. Żyj w pokoju i zapomnij o problemach świata. Ciemność panuje nad twoim poczuciem komfortu. Jeśli rzeczywiście chcesz ujrzeć prawdę, ona nadejdzie. Na początku z pewnością trudno będzie ci w to uwierzyć, więc, gdy idziesz w nieznane, poproś o wsparcie.

Czas manipulacji Reptylian na tym świecie dobiega końca. Pożary i globalne ocieplenie towarzyszą Ziemi w przejściu do czwartego wymiaru.

Niezwykły świat nadchodzi. Tajemnice zostają rozwikłane wraz z ożywieniem się Egiptu. Wiedza Atlantydów otwiera portale na Ziemi. Czas wielkich zmian jest bliski.

Przyszłość nadejdzie, gdy statki kosmiczne zawitają ponownie w naszych życiach. Królestwo zwierząt zyska na znaczeniu.

Wygląda na to, że Ziemia odłącza się od Planety X. Wraz z końcem manipulacji, ujrzycie ją bez żadnych problemów. Tak, inne światy stwarzają trudności na waszej planecie. Wiele z nich zostało wyrzuconych z Ziemi, lecz nadal stwarzają problemy.

Saturn, Uran i Mars były w konflikcie w waszym świecie. Planeta X nie jest widoczna w układzie słonecznym, w waszym wymiarze. Jest większa niż księżyc i w przyszłości może nawet go zastąpić.

Wraz ze zwiększeniem wibracji, przyjdzie zrozumienie. Ulecz Planetę X i sprowadź ją bliżej siebie. Tak, to świat Annunaki. Dopóki wasz wymiar nie będzie na to gotowy, będzie postrzegany jedynie jako fantazja.

Wasza planeta może rozwinąć nowe technologie w ciągu kolejnych dziesięciu lat, jeśli wpływ obcych stanie się bardziej oczywisty. Siły powietrzne Air Force już nimi dysponują, jednak zwykli ludzie nie są jeszcze na to gotowi.

Wraz z waszym rozwojem i lepszą znajomością otoczenia, uzdrowienie wrogości jest tym, czego wasza planeta potrzebuje najbardziej. Wielu z was jest gotowych, większość niestety nie. Wiele bodźców wewnątrz trzeciego wymiaru jest zbyt atrakcyjnych, by z nich zrezygnować. Większość ludzi nie jest jeszcze na to gotowa. Zrozumcie, że, w duchowej wspólnocie, wielu pragnie kontroli nad czwartym i piątym wymiarem. Zobaczycie to, gdy zawsze przeświadczone o swojej racji, pragnące uwagi ego, wymknie się spod kontroli.

Wrota do piątego wymiaru

Zewnętrzna powłoka waszej planety chroniona jest przez energię płynącą z piątego wymiaru. Każdy człowiek na waszej planecie jest istotą wielowymiarową. Zdanie sobie z tego sprawy może pomóc w dojściu do wniosku, że nie jesteśmy sami we wszechświecie.

To trochę tak jak ściągnięcie starego płaszcza, który nosiliśmy przez stulecia i zdanie sobie sprawy, że ta część waszego życia dobiegła już końca. Nie trzeba też już więcej myśleć, że na zewnątrz jest zimno. Gdy dusza obudzi się do czwartego i piątego wymiaru, pogoda na waszym świecie nie będzie więcej istotna.

Niniejszy tekst jest nowym sposobem myślenia. Sami zachęcamy do praktyki channelingu w takiej lub innej formie. Zdanie sobie sprawy, że nikt nie jest taki sam, pomoże w wejściu głębiej w nieznane obszary waszych wibracji. Wasz własny wszechświat.

Wykroczenie zrozumieniem poza trzeci wymiar nie jest łatwym zadaniem. Wiedza na tej planecie należy do trzeciego wymiaru. Jest też potrzebna na drodze do wyższego stanu świadomości.

Zdaj sobie sprawę, że każda informacja ma znaczenie - nieistotne jaka. Przydatne informacje przybierają różne formy. Religia jest systemem wierzeń przydatnym do zdania sobie sprawy z istnienia sfery duchowej. Można powiedzieć, że religia jest rosnącym bólem tego świata, ukazującym, że łączność z duchem nie będzie łatwa.

Jak wiecie, wiele dusz znajduje przyjemność w uniesieniach trzeciego wymiaru. Rozmawiamy o waszej obecnej rzeczywistości. Gdy wejdziecie na wyższy poziom swojej świadomości, powoli zdołacie zrozumieć tajemnice świata. Wkroczenie do czwartego wymiaru jest procesem, który może zaprowadzić umysł na ścieżkę negatywności.

Negatywność służy zatrzymaniu was z czwartym wymiarze. Podczas sięgania po wiedzę wyższą, jest to wbrew interesom wielu innych istot na waszej planecie. Dorastanie jest ciężkim procesem.

Ludzkość na Ziemi została w pewnym sensie zmuszona do tkwienia w trzecim wymiarze. Tak jak w przypadku Atlantydy, przeszły świat uległ rozpadowi, a nawiązanie kontaktu z duchem stało się niemożliwe. Jeśli chcecie, możecie spojrzeć na Atlantydę i Lemurię, jak na niebo. Łączność ze światem duchowym uczyniła życie pełnym. Dar życia przez tysiące lat oraz umiejętność czynienia praktycznie wszystkiego, co umysł był w stanie stworzyć.

Upadek ludzkości jest teraz stanem, którego doświadczacie. Wiele dusz nie chce opuścić trzeciego wymiaru. Dla wielu nie ma niczego lepszego, niż obecna rzeczywistość. Jest dla nich domem, z którego za nic nie chcą się wyprowadzić. Materializm i korzyści współczesnego świata są wystarczające.

Słuchanie opowieści o obcych jest fascynujące. Fizyczny kontakt z nimi jest praktycznie niemożliwy. Większość ludzi nie myśli nawet o zewnętrznym świecie. Wielu z was właśnie tam mieszka. Wasz dom znajduje się poza Ziemią.

Energia czwartego i piątego wymiaru istnieje, by uleczyć obecną rzeczywistość świata.

Pewnego dnia ludzie będą w stanie zmieniać swoje wibracje, a co za tym idzie, latać i przechodzić przez ściany. W tej chwili ludzkość powoli przechodzi przez kulturową przemianę. Wraz ze zwiększoną liczbą osób zajmujących się channelingiem, nic już nie zatrzyma energii napływającej z piątego wymiaru.

Każdy na tym świecie posiada narzędzia pozwalające egzystować w obecnej rzeczywistości. Nie wszystkie moce są aktywowane w spodziewany sposób. Niektórzy chcieliby aktywować swe moce i opuścić Ziemię już teraz.

Zrozumcie, że ludzkość potrzebuje waszej wiedzy. Ci, dla których obecna rzeczywistość jest wstrząsająca, potrzebują wstrząsu wyższej energii do Wniebowstąpienia. Nazwijcie to przypomnieniem. To błogosławieństwo, lub przekleństwo. Wybierzcie sami.

Brama do piątego wymiaru

Istnieją świadomi obecności wyższych wymiarów, którzy nie chcą być na Ziemi. Wasza energia jest potrzebna im do Wniebowstąpienia. Każdy negatywny atak ukazuje, że otwieracie Ziemię na wyższe wymiary. Obdarzacie Matkę Ziemię swoim błogosławieństwem. Matka Ziemia poprosiła, żebyście tu byli. Większość z was na początku odmówiło lub zawahało się. Od tego momentu minęły tysiące lat.

Wasza obecność tutaj pomaga w przebudzeniu wyższej, duchowej energii. Nie szkodzi, jeśli nie wszystko jest zrozumiałe. Połączcie się z wyższą energią i poczujcie się lepiej. Za pięć lub dziesięć lat, ludzkość będzie widziała świat waszymi oczami. Gdy tak się stanie, nastąpi jej wyzwolenie. Zdajcie sobie sprawę, że wraz z duchowym rozwojem stworzycie nową ekonomię. Zamiast pieniędzy, będziecie używać kryształów. Wzajemne aktywowanie się będzie częstsze wraz z odejściem od starego stylu życia.

Każdy jest darem dla tej planety.

Wyzbycie się swoich lęków nie jest dla ludzkości prostym zadaniem. Strach dla wielu wiąże się z bezpieczeństwem i był w historii ludzkości wielokrotnie sposobem na życie. Kościół Katolicki siał strach przez tysiące lat. Wyzwaniem tego świata jest wyzbycie się starych zwyczajów.

Elity są więcej niż świadome tych z was, którzy pragną wznieść się ponad manipulacje waszej obecnej rzeczywistości. Elity grają po każdej ze stron, by was podzielić. Nikt nie jest doskonały - nie musicie wszystkich lubić. Zdajcie sobie sprawę, że istnieją siły, które chcą was podzielić i kontynuować świat pełen manipulacji.

Gdy zbudzicie się do wyższych energii, zerwiecie też poprzednie umowy, które stworzyły trzeci wymiar. Biorąc pod uwagę wasze urodzenie, nie są one łatwe do zerwania. Życiem wraz z wyborem życiowych przymiotów. Chodzeniem do szkoły i odnalezieniem swojego miejsca na świecie. Poczuciem pustki i zastanawianiem się, czy to już wszystko. Wraz z ekspansją świadomości, ujrzycie jak skomplikowane są manipulacje tego świata.

Czy życie to gra? Dla niektórych tak. Można powiedzieć, że to gra wyborów.

Przybyliście tutaj po dobre życie dla was i waszej rodziny.

Dla wielu, dobre życie jest łącznikiem z wyższymi wymiarami. Łącznikiem z obcymi i poczuciem wolności podróżowania po wszechświecie, bez komplikacji. Drogą do wyzwolenia jest łączność z wszechświatem.

Zrozumcie, żyjecie w kilku rzeczywistościach naraz. Rzeczywistość fizyczna jest najtrudniejszą z nich.

Ziemia jako planeta dziecko, jest wielkim wyzwaniem dla wszechświata i nie ułatwia sprawy obcym, gdyż łatwo nią manipulować. Ludzkość nie może się ze sobą dogadać, nieprawdaż? Dowodem są chociażby głód czy fałszywe religie ze zniekształconym spojrzeniem na życie. Możecie się zastanawiać, komu najtrudniej będzie wznieść się do wyższych wymiarów?

Religia jest kotwicą pokręconych systemów wierzeń, które otwierają niższe wrota astralne. Fałszywymi przekonaniami o śmierci i moralności. Mrok spowija współczesne religie. Nie chodzi jednak o to, że każda z nich jest zła i pełna negatywnej energii.

Według współczesnej religii, jesteście martwi zanim się narodzicie. Przychodzicie na ten świat by przestrzegać słowa Bożego. Bóg w waszej religii jest po to, by zniewolić wasze ziemskie dusze. Cieszcie się z bycia dziećmi tak długo, jak to tylko możliwe. Prawdziwy świat oznaczać będzie pracę. Położy też kres waszemu szczęściu.

Ideą współczesnej religii jest zwabienie was w pułapkę tego świata, jak udawało się to już od stuleci. Pułapkę tego wymiaru i tego, co oznacza bycie człowiekiem. Witajcie na planecie zniewolenia.

Zrozumcie, więźniowie nie myślą samodzielnie.

Współczesne religie dają wskazówki jak być człowiekiem i czym jest moralność. Musicie dołączyć albo zostać wygnanym.

Duchowość powinna wiązać się z wolnością wierzenia w cokolwiek zechcecie. Żadnych ograniczeń jeśli chodzi o moralność lub płeć, jaką wybierzecie. Atlantydzi mieli umiejętność zmiany płci. Odnalezienie spokoju w was samym stanie się nową normą.

Brama do piątego wymiaru

Religia jest systemem kontroli Annunaki. Ludzkość, która zniżyła się do trzeciego wymiaru, chciała tam pozostać. Wymyśliła więc religię. Twórcy wszystkich religii są powiązani z obcymi.

Obcymi poza jakąkolwiek kontrolą. Jak już wspomnieliśmy, Ziemia - dziecko, sprawiała dużo problemów obcym - rodzicom. Gdy ludzkość odcięła się od duchowości, idea boga zaginęła. Wewnętrzny bóg został zapomniany i zastąpiony istotami obcymi.

Fałszywi bogowie oddziaływali na waszą planetę. Annunaki mieli wpływ na rodziców poślubiających swoje własne dzieci i z nimi się rozmnażających. Dla nich była to jedyna droga życia. Annunaki byli założycielami religii katolickiej. Musicie więc podążać za ich nauczaniem.

Elita podąża za tymi naukami bez żadnych problemów. Jest niewidoczna i może robić co jej się podoba. Kapłani chcą tego samego. Programują to, co ludzie mają myśleć. Annunaki są tego źródłem. Chęć żerowania na dzieciach powinna mieć więcej sensu.

Annunaki mogą żenić się ze sobą i mieć dzieci ze swoimi dziećmi, w odróżnieniu od ludzi. Chcemy też zaznaczyć, że religia katolicka jest powiązana z wieloma istotami pozaziemskimi. Annunaki i ich nieustanna kontrola są wielkim problemem ludzkości.

Niektórzy kapłani zostają docenieni przez obcych i sami zostają Annunaki, nie zdając sobie z tego sprawy. Papież, który ubiera się w strój ryby jest im bardzo bliski. Kościół Iluminatów oparty jest na pomysłach Annunaki. Księża i biskupi są dziećmi tych pomysłów.

Zbierają informacje, których nie rozumieją. Chcą tylko bliskiego kontaktu z bogiem i dobrego życia. Annunaki są dla nich bogiem. Channeling ich energii sprawia, że nie są już ludźmi. Wpływ obcych jest wszędzie, musicie tylko na to spojrzeć z innej perspektywy.

Nie wszyscy Annunaki są tacy sami. Ci, którzy pragną władzy na ludźmi zrobią wszystko, by ją zdobyć. Żyją w niekonwencjonalny sposób. Annunaki i Iluminaci są powiązani z mrocznymi siłami, które tworzą czas oszustwa; powiązany z systemem edukacji, mediami i funkcjonowaniem w życiu codziennym. Polega on na utrzymywaniu nad wami kontroli aż do waszej śmierci. Zamknięciu was w pułapce tej planety i żywieniu się waszą energią.

Wiele dusz na tej planecie zostało pokonanych. Myślały, że mogą oprzeć się manipulacjom Annunaki. Niektóre padają ofiarą manipulacji i same zaczynają je szerzyć. Annunaki są ludźmi sukcesu, czasem nawet dyrektorami firm. Myślą, że świat jest u ich stóp. W żadnym wypadku. Zostali zmanipulowani i pokonani. Często się tak zdarza, bo są przyzwyczajeni do sukcesu. Gdy przyszli na ten świat, związali się z fałszywymi przekonaniami o sukcesie. Wiele z nich na tym świecie wpadło w tę pułapkę na stulecia. Będąc w pozycjach liderów, jednocześnie zakładali ludzkości opaski na oczy.

Fałszywe idee sukcesu odejdą w niepamięć podczas wniebowstąpienia. Reptylianie chcą utrzymać mentalną kontrolę manipulacji nad umysłami. Idea upadku ludzkości jest w pewnym sensie prawdziwa. Stare sposoby życia załamią się wraz ze zwiększaniem się duchowych pomysłów wyższych wymiarów.

Mrok na waszej planecie maleje wraz z głębszym zrozumieniem duchowości. Z czasem nastąpi nagły wzrost zrozumienia wyższych wymiarów. Wszyscy jesteście nauczycielami, odnajdziecie też w sobie wewnętrznego nauczyciela. Przyswojenie wyższych nauk nie jest łatwe z powodu przywiązania do starego stanu rzeczy.

Gdy znajdziecie satysfakcję w byciu istotami nieskończonymi, i zrozumiecie, że wszystko jest możliwe, wasza dusza będzie mogła udać się wszędzie i zajmować wszystkim. Zaufajcie sobie a zobaczycie wewnętrznego ducha podróżującego szybciej niż światło.

Atlantydzi są aniołami

Krótkie wyjaśnienie: w trakcie otrzymywania informacji, że aniołowie to tak naprawdę Atlantydzi, mroczny elf pojawił się w moim polu energetycznym. Bardzo silny mroczny elf, który może wyłączyć energię Reptylian lub jakiejkolwiek innej obcej istoty, oprócz energii anielskiej.

Istota, od której przyszła ta informacja, to upadły anioł o imieniu Mroczny Michał. Anielska energia pragnie zmienić jego wibracje z mrocznej strony, na stronę światła. Więcej szczegółów o tym, później.

Zacznijmy od początku:

Istoty wyższego wymiaru istnieją w waszym świecie. Pytanie brzmi, czy jesteśmy w stanie je dostrzec. Anielska obecność na tym świecie jest tym, co utrzymuje Ziemię przy życiu. Jeśli dla kogoś z was pozytyw oznacza dezorganizację i bezużyteczność, radzę rozejrzeć się jeszcze raz.

Aniołowie mają moce Atlantydów. Ludzkość zapadła w sen, zamieszkując w komnacie rozpadu, by rozszerzyć i ulepszyć swoją świadomość. Ujmijmy to inaczej. Gdy Atlantydzi zostali poddani próbie, natychmiast przegrali. Większość uległa mrocznej stronie.

Jak to udowodnić? Spójrzcie na współczesny świat. Czemu poświęcane jest więcej uwagi? Wiadomościom pozytywnym, czy wręcz przeciwnie? Film akcji pełen przemocy zarabia miliony i bije rekordy popularności. Przemoc i negatywny przekaz w grach komputerowych osiąga rekordowe wyniki.

Nie ma to jednak nic wspólnego z manipulacją. Jak widzicie, człowiek eksploruje swoją ciemną stronę. Tak, mamy do czynienia z pewną manipulacją, ale nadal możecie zdecydować, co wam się podoba. Negatywny przekaz w mediach ma wielką moc.

Dramat serwowany w wiadomościach ma najwyższą oglądalność. Ludzkość powoli odchodzi od negatywnego przekazu. Zależy to głównie od indywidualnych jednostek. Nie jest łatwo egzystować w świecie tonącym w negatywnych informacjach, gdy tylko niewielu pragnie porzucić takie życie. Niektórzy spirytyści mogą być bardzo pozytywni w swej profesji, jednak w życiu codziennym nie jest to takie łatwe.

Anielska chronologia została utworzona dla istot wyższego wymiaru. Gdy ludzkość zagubiła się na swojej drodze, założyciele Atlantydy zniknęli. Ludzkość osunęła się do wibracji niskiej częstotliwości. Została utworzona pozytywna sieć, zwana królestwem anielskim.

Aniołowie, Atlantyda i królestwo anielskie brzmią podobnie, prawda? Gdy dodacie do tego słowo Archon, lepiej zrozumiecie wasze początki.

Archoni zapoczątkowali dzieje ludzkości na Ziemi. W każdym z nich mieszka kilka różnych istot. Asystowali im Stwórcy, oraz Elohimi. Stwórcy są różnymi istotami wytworzonymi z energii źródłowej Boga.

Tworzenie planety od źródła - Boga, jest połączeniem się z kreatywną świadomością wszystkich istot. Wszechświaty też są częścią kreacji. Wasz obecny wszechświat jest drzwiami do innych wszechświatów. Ziemia jest tysiącem wszechświatów wymieszanych ze sobą na jednej planecie. Dlatego jest taka spójna.

Większość sztuki na waszej planecie pochodzi z innego wszechświata. Wasz obecny wszechświat będzie przybierał inny kształt, w zależności od tego, jak na niego spojrzycie. Czy chcielibyście go poznać już po opuszczeniu Ziemi, czy wolelibyście znaleźć się w innym?

Byliście na Ziemi, która jest tysiącem wszechświatów. Dlaczego mielibyście w nim pozostać?

Zobaczyliście wszystko, co było do zobaczenia. To niezbyt miłe uczucie, prawda? Głębokie, gdyż inne wszechświaty chcą się tu wedrzeć. To trochę jak w galerii handlowej, w której sklepy muszą zmieścić się w ograniczonej przestrzeni.

Syryjczycy, Plejadianie, i inni pragnęli doświadczenia Archonów, wcielenia w ich energię do stworzenia ludzkości na Ziemi. Po wojnach kotów i Reptylianów, na Ziemi zaczęli pojawiać się ludzie.

Obcy Archoni w tym czasie zniknęli. Można powiedzieć, że zrobili sobie przerwę, podczas, gdy proces kreacji kontynuowany był przez ludzi. W tym czasie Archoni występowali pod inną nazwą. Dla wielu obcych byli tajemniczą, bezimienną rasą.

Gdy Atlantyda zaczęła osuwać się w ciemność, Archoni pojawili się ponownie. Działo się to etapowo. Nie można było ich jednak zobaczyć podczas rozwoju cywilizacji ludzkiej na Ziemi.

Reptylianie odegrali kluczową rolę w kreacji ludzkości, razem z Plejadanami, Syryjczykami, oraz kilkoma tysiącami innych gatunków. Ostateczna liczba gatunków związanych z człowiekiem nie jest znana w waszym wymiarze. Nawet wyższe wymiary nie mogą mieć co do tego pewności.

Niektórzy obcy sprowadzani są za pomocą channelingu. Przybyli tu po to, by zniekształcić prawdę o waszej wyższo-wymiarowej rzeczywistości. Ludzkość zaczyna zdawać sobie sprawę z obecności nie tylko przyjaźnie nastawionych istot. Można połączyć się z istotami wszystkich rodzajów.

Jest rzeczą szeroko wiadomą i zrozumiałą, że ludzkość jest tylko małą częścią czegoś większego. Jest potrzebna do postępu innym obcym gatunkom, takim jak słonie lub koty. Atlantydzi byli manipulowani przez wiele obcych bytów, nie mogli też znieść manipulacji w swoim obszarze władzy.

Destrukcja obcych została na Ziemi niemal zakończona.

Część obcych manipulujących ludźmi zostało sprowadzonych do trzeciego wymiaru wraz z, na przykład wężami i owadami. Koty i słonie nie należały do najłagodniejszych obcych istot.

Annunaki dołączyli do kolektywu dusz by narodzić się na Ziemi. Wielu z nich zostało bankierami i kontynuowało swoje manipulacje. Annunaki są rozszerzeniem Archonów. Jest to siostrzana rasa. Wciąż uważają, że na wszystkim znają się najlepiej.

Ivan Teller

Annunaki stali się Atlantydami, Następnie Atlantydzi zostali aniołami.

Upadli aniołowie mieli skrzydła. Manipulowali ludźmi wraz z obniżeniem częstotliwości wibracji na Ziemi. Dobrzy aniołowie otrzymali skrzydła do uzdrowienia szkód wyrządzonych przez upadłych.

Związek między aniołami a Atlantydami.

Aniołowie są Atlantydami, którzy nie obniżyli swoich wibracji. Energią archaniołów są ulepszone i połączone energie Arcturianów i Atlantydów. By wznieść się na wyższe poziomy, Arcturianie nieustannie towarzyszą wyższym wymiarom, towarzysząc też ludzkości w niższych wymiarach.

Wszystkie obce gatunki łączą się w wysiłku wraz z Arcturianami, tworząc jedną z najwyższych obcych energii, mających związek z rasą ludzką. Elohim również należy do wysokiej częstotliwości, która łączy się z osią czasu Atlantydów i Arcturian.

Ziemia jest połączona z obcymi światami poprzez osie czasu.

Ludzie zostali wykorzystani w ich własnym procesie stworzenia. Wyrażając się jasno, ludzie nie byli najbardziej oczywistym doświadczeniem dla tej planety. Zanim postawiono na ludzi, eksperymentowano z tysiącami innych gatunków.

Wyobraźcie sobie ludzi-ptaków, ludzi-kotów lub psów, którzy zostali stworzeni na Ziemi, a teraz żyją na innych światach. Część z nich jest zadowolona ze swych genów, pozostali nie. Zastanawiacie się czemu ludzkość jest tak autodestrukcyjna? Istnieje wiele obcych bytów, która nie chce ludzi na tej planecie. Pragną pozbyć się was z Ziemi i was zniszczyć. Ciężkie energie, które wyczuwacie, są ciężarem pozostania przy życiu na Ziemi. Jedną z przyczyn tego trudu jest chęć niektórych istot do pozbycia się was raz na zawsze.

Pomówmy o przymuszaniu was do odejścia.

Ludzkość jest przymuszana do autodestrukcji. Spójrzcie choćby na przemoc lub wydarzenia sportowe na tej planecie. Przemoc postępuje w zależności czy dane wydarzenie zakończyło się zwycięstwem, lub porażką. Używanie przemocy do okazania radości jest manipulacją.

Alkohol i papierosy odcinają was od ducha. Tak samo może być z jedzeniem, jednak wraz z alkoholem poróżniacie się ze swoim wyższym „ja," i zapadacie w sen.

Podczas upadku Atlantydy zostały utworzone wiry do wyższych światów. Służyły Atlantydom wyższego poziomu do współistnienia z ludźmi. Świat aniołów istniał zawsze. Ten wymiar służył Atlantydom do towarzyszenia w rozwoju ludzkości.

Illuminati mają podobny wymiar dla siebie.

Te wymiary przenikają się nawzajem. Można powiedzieć, że to takie pomieszczenie kontrolne dla Ziemi. Te wysoko-wymiarowe istoty, zwane Atlantydami, mają silny związek ze światem duchowym, w którym decydują o tym co dzieje się na Ziemi.

Otwierają drzwi do świata duchowego oraz decydują o tym, co ma się wydarzyć, nadając dalszy ciąg reinkarnacji.

Zastanówcie się nad tym przez minutę.

Tak, świat duchowy jest związany z Ziemią. Można nazwać go wymiarem opiekuńczym, w którym niektóre istoty sięgają dziewięciu metrów wysokości, łączą się z duchowym światem i kolejny raz decydują, co się wydarzy. Podobnie jak w przypadku Zeusa i innych bogów.

Jedyną różnicą jest ich działalność, w której mniej jest nadużyć. Jest też niewidoczna.

Możecie nazwać go wymiarem opiekuńczym, lub wymiarem archanielskim. Osie czasu przecinają się tutaj. Archaniołowie towarzyszą wam w waszym rozwoju. Są nowymi bogami, którzy wywodzą się ze starożytnej Grecji.

Istnieją opowieści ludzi, którzy, podczas wizyty w świecie duchowym widzą starożytną architekturę grecką. Byli w odwiedzinach w prawdziwej Atlantydzie. Starożytny świat widoczny w ruinach, w wymiarach opiekuńczych żyje i ma się dobrze.

Te starożytne miejsca istnieją dla uzdrawiania. Zdajcie sobie sprawę, że ta rzeczywistość jest wieczna. Cała Ziemia jest tutaj. Jeśli jesteście z Indii, pragniecie połączyć się z indyjskim światem duchowym, który jest częścią wszystkich duchowych światów. Wszystko jest ze sobą powiązane. Nie ma tu granic i podziałów.

Prawdziwe przebudzenie

Wielkie podziękowania dla wszystkich was uczestniczących w tej podróży. Proces wniebowstąpienia tej Ziemi związany jest z waszymi energiami. Wysoka częstotliwość wiedzy zostanie niebawem poznana. Zrozumienie waszej egzystencji będzie miało głębsze znaczenie. Radość życia jest wasza. Nie zapomnijcie, by jej nie komplikować. Drzwi do esencji waszych dusz mogą zostać odnalezione. Magia łącząca z duchem jest łatwa. To cisza umysłu. Ciche miejsce, które jest wspaniałe. Teraz nas posłuchajcie.

Oto wiadomość od ducha.

Co dzieje się teraz? Prawdziwym pytaniem jest to, co dzieje się dzisiaj na Ziemi. Czy źli Reptylianie manipulują świadomością Ziemi? Tak, lecz to nie cała prawda. Panuje tu mrok. Nie zapomnijcie, że to wy jesteście światłem.

Gdy ludzie przebudzą się dla prawdziwej Ziemi, ujrzycie Archonów na niebie. Siły ciemności wciąż trzymają świadomość ludzką w więzieniu trzeciego wymiaru. Ich dni dobiegają końca. Rodzi się nowy człowiek. Człowiek Atlantydzki wybudza się ze śpiączki.

Można powiedzieć, że życie jest symulacją, a wy jesteście jego odtwórcami. Ludzkość rozgrywana jest przez wysoko rozwinięte istoty o nikczemnym poczuciu humoru. Nie chodzi tylko o Reptylianów, Archonów, Annunaki, a o wielu innych. Świadomość ludzka niebawem pojmie, że nie jesteście sami. Zastanawialiście się kiedyś, dlaczego życie nie ma sensu? Dlaczego jest tajemnicą? Dzieje się tak dlatego, że istoty kontrolujące wasze społeczeństwo nie chcą byście się o nich dowiedzieli.

Nie możecie się dowiedzieć, kto wami pogrywa. Mroczne byty rosną w siłę ponieważ ludzie nie wierzą w ich istnienie. Nadszedł czas by zrozumieć, że to świat obcych. Ciemność musi zostać wypuszczona.

Przyjazne obce byty towarzyszą nam w naszym rozwoju. Dla niektórych z nas jest to łatwe do pojęcia. Jest to łatwe do zrozumienia dla wszystkich z nas, jednak większości populacji trudno w to uwierzyć. Świat może ulec zmianie w ciągu tygodnia, może nawet jednego dnia, jeśli cała populacja zda sobie sprawę, że nie jesteśmy sami oraz, że byliśmy manipulowani przez nieprzyjazne istoty.

Jeśli chcecie, nazwijcie je mistrzami manipulacji. Gra skończona. Dla świata nadszedł czas przebudzenia. Każda osoba na tej planecie jest istotą obcą. Ci, którzy temu zaprzeczają, nadal uczestniczą w manipulacji. Im więcej rozumiecie o tym procesie, i o tym, że czas zakończyć tę mistyfikację, tym szybciej uda się wam przenieść do czwartego i piątego wymiaru.

Zamiast czekać na przybycie statku kosmicznego obcych, rozejrzyjcie się wkoło siebie. Nie jesteście sami, a ci obcy, którzy czekają by tu wylądować, są już teraz w innym wymiarze. Nasi przyjaciele są tutaj by nas chronić. Część z nich to na przykład Lyrijskie koty, pozaziemskie Szaraki, Arcturianie lub Syryjczycy.

Nadal nie wierzycie? Spójrzcie na zwierzęta na waszej planecie. Są obcymi których szukacie. Spójrzcie na waszego psa, kota, na otaczające was owady. Nadszedł czas by ludzkość otworzyła oczy na oczywistą, otaczającą was prawdę. Gdy się obudzicie, pojawią się statki kosmiczne. Gdy odłożycie broń i zobaczycie w sobie dobro, doświadczycie uniesienia do nowego świata.

Nawet Ci, którzy należą do prawdziwych społeczności duchowych, nie są naprawdę gotowi na kontakt z obcymi. Czy wyobrażacie sobie konwersację z owadem o wielkości dwóch metrów lub z humanoidalnym Reptylianem albo kotem? Większość ludzi pewnie by oszalała ze strachu, jednak zmierzacie właśnie w tym kierunku. Kontakt z obcymi jest bliski. Może do niego dojść za kilka lub kilka tysięcy lat. Wybór należy do ludzkości. Przyszłość Ziemi zależy od nas. Jeśli chcecie pozytywnego zakończenia, sięgnijcie po nie. Przestańmy martwić się finansowymi katastrofami i wojnami. Przebudzenie zaczyna się właśnie teraz.

To krótkie podsumowanie tego, co dzieje się teraz.

Gwiazda psa

Gwiazda psa zapoczątkowała Ziemię. Wasza planeta ulega wpływowi milionów innych światów. Arcturianie, Elohimi, i wiele innych istot sprowadziło energię z innych światów na waszą planetę. Wasze oceany zostały stworzone przez światło. Boska świadomość od samego początku wpływała na formowanie się Ziemi.

Planeta Ziemia, jak wiecie, jest związana z innymi światami w waszej galaktyce. Świadomość tej galaktyki uformowała waszą planetę. Zawsze istnieje więcej niż jeden stwórca. Świadomość świata duchowego pragnęła planety, która byłaby dużym wyzwaniem. Wyzwaniem dusz. Są inne światy, podobne do waszego. Ziemia jest miejscem nieznanego. Wasza wiedza jest w niej tracona i odzyskiwana, dusza zaś zapomina, że wiedza kiedykolwiek istniała.

Idea energii duchowej nie istnieje w głównym toku myślenia. Nie chodzi jednak o mainstream. Ludzie na ogół nie rozmawiają o swoich duszach, podróżach astralnych lub o swoich pozacielesnych doznaniach. Nie wspomina się o tym bez ryzyka bycia wyśmianym. To część manipulacji Annunaki.

Ci, którzy śmieją się z waszej duchowości ulegają manipulacji Reptylian i innych bytów o niskich wibracjach. Nadszedł czas przebudzenia duszy i poznania historii Ziemi.

Wraz z upadkiem Atlantydy nastąpił upadek dusz. Wiedza o energii duchowej została zagubiona. Dlatego rozpoczęła się nowa podróż.

Istnieją wśród was istoty, które nie dopuszczają, żebyście o sobie pamiętali. Nadszedł czas zapamiętania tych stworzeń i duchowych wobec nich zobowiązań: Archoni, Reptylianie, Annunaki, i inni. Zerwanie z nimi oznacza wyzwolenie. Poproście o ich zakończenie, jeśli nie jesteście w stanie z nimi zerwać. Uaktywnijcie swoje intencje. Oczyśćcie umysły i odbudujcie swoje życie.

By zrozumieć mrok.

Spójrzcie na dzisiejszy świat. Gdy włączycie telewizję, telefon lub tablet, i zobaczycie przemoc na waszej planecie, chociażby pełną przemocy rozrywkę, powinno to was czegoś nauczyć. Na przykład, że nie została wam opowiedziana cała historia.

Wielu pisarzy przewiduje przyszłość lub zakłada różne scenariusze. Wielu autorów przewiduje nadchodzącą transformację technologiczną. Są też inni, którzy zakładają negatywne scenariusze, takie jak strzelaniny w szkołach, dystopijną egzystencję lub wątki seksualne prowadzące do przemocy i wewnętrznego bólu. Blokuje on dusze przed prawdziwym wzrostem. Istnieją agendy Annunaki zbliżające do siebie pary. Mają dzieci, które w przyszłości zostaną uprowadzone.
Czasy współczesne w waszym świecie trapią przemoc i zamęt. Dlaczego tak się dzieje? To dlatego, że zawarliście umowę z waszym stwórcą. Przybędziecie do tego świata i wykonacie wasza misję, jakakolwiek by nie była. Będziecie żyć na świecie pełnym różnych schorzeń.

Gdy Atlantyda została zniszczona, kolejnym celem stała się infiltracja i zaatakowanie waszego świata przez istoty o niskich wibracjach. Atlantyda nie przetrwała testu manipulacji. Teraz żyjecie na planecie - więzieniu, gdzie słowo „dusza" nie ma żadnego znaczenia. Gdzie życie ludzkiego nic nie znaczy. Gdzie człowiek jest traktowany jak śmieć.

To mogło zabrzmieć szorstko, ale to prawda. Życie ludzkie lub jakiekolwiek życie na waszej planecie nie jest dobrze traktowane. Wraz z gwałtownie rozwijającą się biedą i bezdomnością, plan odwrócenia tego stanu rzeczy nie należy do najłatwiejszych. Stan, w którym znajduje się Matka Ziemia jest też rezultatem ataków wibracji o niskiej częstotliwości.

Gdy Atlantyda została zniszczona, otworzyło się okno dla istot o niskich wibracjach. Możecie nazwać to eksperymentem lub życiowym wyborem. Atlantydzi nie mogli w nieskończoność zatrzymywać swoich wibracji. Musieli przedtem nauczyć się kilku rzeczy. Można powiedzieć, że Atlantydzi byli słabi, a skaza wewnątrz ich rasy powinna była zostać uleczona. Zrozumcie, w tamtym czasie Atlantydzi byli w czwartym i szóstym poziomie.

Starożytni Atlantydzi byli genetycznie powiązani z duchem w sposób, który stworzył nowy eksperyment twórczy. Nowy rodzaj człowieka, nie spotkany nigdy wcześniej, z umiejętnościami widocznymi jedynie na dwunastym poziomie istnienia. Ziemscy ludzie rozwinęli się w sposób wcześniej niespotykany. Ten rozwój stał się z czasem źródłem problemów.

Na piątym poziomie, Atlantydzi zaczęli uważać się za bogów. Ich boska władza wyrządziła wiele zniszczeń. Zwróćcie na historię greckich bogów. Powinna być dobrym przykładem tego, jak spaczona mentalność na przestrzeni czasu wpłynęła na społeczeństwo. Starożytni bogowie greccy byli Atlantydami powiązanymi z Iluminatami.

W pewnym momencie waszej historii zdecydowali się ukazać. Czynili to wielokrotnie. Bogowie egipscy nie różnili się od nich w znaczącym stopniu. Wraz ze wpływem swojego DNA, obniżyli częstotliwość ludzkości. Bogowie greccy w większości traktowali ludzkość jak dzieci.

Dość już o tym. Wróćmy do zapomnianej wiedzy starożytnej.

Lemurianie byli na szóstym lub siódmym poziomie zaawansowania, w zależności od istoty. Byli też bardziej medialni. Ich potomkami byli Amerykańscy Indianie. Bardziej zaawansowani Lemurianie podróżowali po północnej i południowej Ameryce. Inkowie i Majowie byli połączeniem Atlantydów i Lemurian.

Atlantydzi byli na piątym i szóstym poziomie zaawansowania. Ich moc sięgała poziomu dwunastego. Mieli ciała jednocześnie z łatwością przemieszczali się między wymiarami. Byli podobni do bogów i wpłynęli na Annunaki. Ziemscy ludzie nie byli podobni do żadnych wcześniej znanych obcych istot.

Zastanawiacie się dlaczego? Atlantydzi mogli manipulować swoim DNA, procesami starzenia się, kryształami i innymi technologiami. Ci wiecznie młodzi ludzie byli jedyni w swoim rodzaju. Gdy Atlantydzi utracili swoje moce przez wpływ niskich wibracji, wiedza ta zaginęła razem z nimi.

Kodeks DNA ludzkich Atlantydów nie był łatwy do skopiowania. Byli potężnym gatunkiem ludzi. Mieli też jednak wiele wad, takich jak brak moralnego kręgosłupa.
Perfekcyjny człowiek miał swoją, wcześniej niedostrzegalną, ciemną stronę,. Widać ją we współczesnym świecie. Wielka moc stworzyła mrok wykraczający poza wszystkie obce istoty.

Atlantydzi żyli w raju i rozwinęli swoje umiejętności korzystając z zaawansowanych technologii innych obcych ras. Wraz z upływem tysięcy lat, ich wady stały się bardziej znaczące i nie byli w stanie utrzymać swojej władzy.

Lumerianie byli bardziej połączeni z naturą. Możecie nazwać ich ludźmi-delfinami lub ludźmi-rybami. Mieli romans z ziemią. Atlantydzi byli zakochani w ludzkości i tworzeniu kryształowej energii, która pomogła w zrozumieniu inżynierii genetycznej. Wraz z głębszym poznaniem siebie zaczęli dostrzegać też swoje wady.

Atlantydzi nie byli tak perfekcyjni i nieśmiertelni, jak mogło im się wydawać. Było to rezultatem manipulacji Annunaki i Reptylian. W tym czasie, Sasquatch zdecydowali się pójść swoją drogą. Również Ludzie Psy odłączyli się od Atlantydów.

W czasie trwania Atlantydy, była ona miejscem zamieszkiwanym przez zróżnicowane gatunki. Żaby, koty i psy przybierały formy humanoidalne. Również ludzie-ptaki i rasy Karyjskie. Gdy ludzie odłączyli się od obcych i zaczęli kontrolować swoje ego, nadszedł upadek Atlantydy.

Ludzie oraz wiele różnych istot z Atlantydy chciało zostać rasą panów. Przyczyną tego stanu rzeczy była słabość człowieka Atlantydzkiego. Słabość ta zapoczątkowała wojnę pomiędzy wszystkimi rasami obcych. Wojna Atlantydzka zaczęła się od separacji. Toksyczna natura negatywnych Atlantydów spowodowała podział trwający przez tysiące lat. Ludzie Atlantydzcy chcieli Ziemi dla siebie. Reptyliańskie manipulacje były i będą środkiem wyrazu samolubnej władzy pod ich nadzorem.

Naród arabski to upadli Atlantydzi. Manipulacje zadziałały szybko. Zaczęło się od tego, że Annunaki użyło ludzi by zapanować nad innymi rasami. W pewnym momencie Arabowie zostali władcami świata.

Po upadku Atlantydy świat arabski sam się zniszczył. Gdy trzeci wymiar zwiększył ilość niskiej energii, wibracje obcych uległy degradacji. Obcy byli widziani jako demony, a ludzie stali się wiodącą rasą na tej planecie.

Obcy zostawili swoich przodków na Ziemi. Królestwo zwierząt zostało pozostawione by asystować w doświadczeniach człowieka.

Cofając się jedynie odrobinę w czasie, wcześni Atlantydzi, którzy zostali szybko skorumpowani przez wpływy Annunaki i Reptylian, nie czuli, że mogą nadal łączyć się z radą Atlantydy. W swoim wyobcowaniu uważali, że Atlantydzi robią wszystko źle. Dominującą rasą powinni zostać ludzie.

W czasach wczesnej Atlantydy wszyscy obcy byli mile widziani. Do Atlantydów należały wszystkie formy życia. Kolejną kreacją wczesnych Atlantydów byli Zeta Grey. W tym czasie stworzone zostały różne formy Zeta. Istnieją różne wersje Zeta, jedną z nich jest Grey. Ich początki sięgają Zeta Reticuli, z czasem jednak ich rasa uległa różnym modyfikacjom i ulepszeniom.

Ich rozwój został później zakłócony, tworząc mutacje. Spowodowało to utratę większości ówczesnej wiedzy. Ich DNA nie było już takie potężne jak na początku. DNA istoty ludzkiej jest tajemnicą dla większości obcych ras. Jest też powodem większości uprowadzeń. Obcy pragną ponownie sięgnąć po nieśmiertelność. Annunaki nie byli w stanie osiągnąć nieśmiertelności. Udało się to starożytnym Atlantydom.

Dowiedziano się, że człowiek może być w łatwy sposób modyfikowany, co spowodowało upadek Atlantydy. Wcześni Atlantydzi, którzy odwrócili się od ludzkości, są związani z waszymi dzisiejszymi Iluminatami. W tamtym czasie wpływało na to wiele czynników. Wcześni Marsjanie którzy odwiedzili Ziemię, uważali ludzi za słabych i aroganckich.

Gdy wcześni Atlantydzi ulegli wpływowi złych Annunaki, nie mogli więcej współistnieć z resztą swojego ludu. Wyemigrowali więc do ziemi zwanej dzisiaj Azją Mniejszą. W tamtym czasie zostało stworzonych wiele ras ludzkich. Narodziły się rasy ludzkie znane jako Czarna Afrykańska i Azjatycka. Wpływy Zeta Grey są najbardziej widoczne wśród ras azjatyckich. Pleiadianie i Yahyel są znani wśród ras czarnych. Mózg reptyliański stał się również bardziej widoczny u ludzi, lecz nie w każdym przypadku.

Spójrzcie na to z tej strony. Wraz z wpływem wczesnych ludzi powstało wiele różnych ras na świecie. Różnych kolorów i kultur. Odkrycie człowieka z mózgiem Reptyliana było nie do pomyślenia we wczesnych latach Atlantydy. Nowa rasa ludzi była nadal potężna i czasem bezlitosna.

W czasie wczesnej Atlantydy nie istniał koncept czasu. Jeśli jednak chcecie wiedzieć, Atlantyda żyła w pokoju przez około dziesięć tysięcy lat. Zdajcie też sobie sprawę, że Ziemia w tamtym czasie znajdowała się w obszarze wysokich wibracji. Była też pełna obcych form życia i roślin. Na planecie żyli też giganci oraz wróżki, elfy i inne rodzaje energii żywiołów. Agartha była wszechobecna. Zastanawiacie się dlaczego świat duchowy i świat żywiołów ma tak wiele wpływów? Żywioły są w życiu częścią wszystkiego. Ignorowanie natury jest ignorowaniem samego siebie. To kolejny powód dlaczego wibracje ludzkości są obecnie tak niskie. Zapominacie o naturze.

Wyższe wymiary wraz z naturą zostały zatrute manipulacjami. Cały świat stał się toksyczny. Jedna z najpiękniejszych planet we wszechświecie znalazła się w niebezpieczeństwie, a większość istot nie miała w tamtym czasie pojęcia dlaczego.

Obcy nigdy nie widzieli przewrotu takich rozmiarów. Atlantydzi walczyli ze sobą. Nowi reptyliańscy ludzie przybyli by przejąć władzę nad Atlantydą. Byli bardzo potężni i zabójczy. Wpływ niskich wibracji zmienił Atlantycki sposób życia.

Annunaki, Reptylianie i Archoni po cichu przejęli władzę nad umysłami Atlantydów, wprowadzając ciemność. Oddajcie nam waszą wiedzę. My też na nią zasługujemy. Zasługujemy na doskonałość.

Atlantydzi w dążeniu do doskonałości musieli odkryć swoją mroczną stronę. Zastanawiacie się czemu ludzie w waszym świecie są pełni mroku? Ciemność jest nie tylko obiektem testów. Jest również przyjmowana ze zrozumieniem. Każda dusza eksperymentuje ze sobą. Jeśli jestem pod wpływem mroku, czy podążę za nim? Może jednak wybiorę światło i przebaczę tym, którzy źle na mnie wpływają? Każdego dnia uczycie się czegoś nowego, nawet jeśli nie zdajecie sobie z tego sprawy. Ten świat rozprawia się z duszą w bezwzględny sposób. Każdy rodzaj testu duszy jest podobnym doświadczeniem.

Zauważcie, że ci, którzy posiadając wielką moc, tracą ją, rujnując swoje kariery z egoistycznych względów. Niektórych dusz nic nie zadowoli. Ostatecznie każda z nich osiągnie swój kres. Tak, zrozumiałem. Nie jestem w stanie zapanować nad taką mocą. W przyszłym życiu chcę być ubogi.

Powiązania Atlantydy, część pierwsza

Reptylianie chcą świata dla siebie. Znaleźli i wykorzystali słaby punkt u ludzi. Obniżyli ich wibracje, zarażając ich myślami pełnymi chciwości i egoizmu. Pokazali im bogactwo, a następnie je odebrali. Jak myślicie, dlaczego na świecie jest tak niewielki procent ludzi bogatych?

Reptylianie zaprogramowali ludzi, by pragnęli bogactw. Złoto, srebro i diamenty nadają ludziom fałszywych intencji, pragnienia bogactwa, które oddziela ich od ducha. Puste, niskie wibracje są wysyłane do ludzi by ich wyczerpać.

Pieniądze należą do niskich wibracji. Ci, którymi rządzi bogactwo zawsze będą za nimi podążać. Odnalezienie ducha będzie dla nich trudne. Jak przetrwać bez pieniędzy? Wystarczy powiedzieć sobie, że poradzicie sobie bez nich, a wszystko będzie dobrze. Stwórzcie oś czasu, a wszystko będzie możliwe.

„Sukcesem jest posiadanie dużej ilości pieniędzy." To nieprawidłowe założenie.

Gdy niskie wibracje przejęły kontrolę nad waszą planetą, cała wiedza Atlantydy została utracona. Dusza zachorowała przez trzecio-wymiarową energię. Atlantydzi dostali obsesji. Uważali, że powinni rządzić na Ziemi. Nadeszła wielka wojna. Wojna ze wszystkimi.

Reptylianie włożyli pewien wysiłek w przejęcie władzy na Atlantydzie, gdy Atlantydzi stali się bardziej egoistyczni. Tym samym odnaleźli swoją mroczną stronę, nową podróż duszy. Jedynym sposobem by ta podróż trwała, było zniszczenie samych siebie. W tamtym czasie Atlantydzi nie mieli o tym pojęcia.

Potężni Atlantydzi z Rady Dziewięciu zdecydowali bronić się przed obcymi. Obcy Atlantydzi byli w niektórych przypadkach bardziej zaawansowani genetycznie niż ci pierwotni. Byli też mądrzejsi i bardziej atrakcyjni.

Co spowodowało zniszczenie Atlantydy? Wiele wydarzeń następowało jedno po drugim. Atlantydzi z wysokich rad zostali zgubieni. Nigdy nie chcieli wojny, lecz zostali zaatakowani przez siły zewnętrzne. Idee trzeciego wymiaru zaczęły zatapiać się w ich umysłach.

Atakiem z zewnątrz był strach przed inwazją. Myśl, że mogą utracić wszystko, a rajska wyspa jest czymś tymczasowym.

Reptylianie w zasadzie pozwolili Atlantydom zniszczyć siebie samych, rozpoczynając wojny mentalne z ich pokojową rasą. Atlantydzi nie mieli innego wyboru, niż stawienie oporu. Obce rasy, które ich obserwowały, nie zdawały sobie sprawy, że Atlantydzi siebie zniszczą, dopóki nie było za późno.

Alpha Draconianie upewnili się, że działają niespostrzeżenie. Trzymali się z daleka Pleiadian, szczególnie Wysokich Blond Nordów. Metody działania Reptylian były już znane ale nie dla ziemskich ludzi, którzy sami nigdy nie doświadczyli reptyliańskich manipulacji.

Dusza Atlantydów była zarazem potężna i słaba. Zaawansowana naukowo i technologicznie. Słaba mentalnie - podatna na manipulacje charakteru, które po latach przyniosły załamanie. Rajskie miejsce z zaawansowanymi ideami i kreatywnością przechodziło moralny dylemat - wielka moc, jednak czegoś brakowało. Jak ją zachować? Czy Atlantydzi zachowają się rozsądnie i podejmą właściwe decyzje w środowisku podwyższonego stresu?

Dusza Atlantydów w tamtym czasie nie została jeszcze w pełni zbadana. Odznaczali się jasną stroną, jednak co z mrokiem? Czy mogą wejść w mrok i być w stanie powrócić do światła? Na tamtym etapie jeszcze nie było to wiadome.

Nie była to zwykła rozmowa. Wszystko zostało omówione przez rady. Czy mogli utracić swe moce i więcej ich nie odzyskać? Takie oddzielenie było możliwe. Pogląd ten nie był powszechnie znany. Pojawiał się w mniejszych kręgach rozmówców.

Brutalność była jedną z opcji, jednak na tak wysokich poziomach nigdy wcześniej nie wykorzystaną.

Zanim Annunaki i Reptylianie rozpoczną swoje mentalne przemiany, możecie być jedynymi z podobną mocą. Zapomnijcie o innych. Możecie być bogami. Nazywacie to dzisiaj Kompleksem Boga. Wraz z dalszym trwaniem manipulacji, funkcje mózgu wielu Atlantydów uległy zmianom. Ich umysły stały się bardziej reptyliańskie. Eksperymenty mające ich początkowo ulepszyć miały w rzeczywistości służyć do rozprawienia się z nimi.

Opuścili Atlantydę by stworzyć nową rasę ludzi i dołączyć do manipulatorów - Reptylian i Annunaki. Atlantydzi byli mężczyznami i kobietami. Kobiety miały dzieci z Reptylianami i Annunaki.

Związki między obcymi i ziemianami to coś w stylu międzyrasowego festynu miłości. Zaobserwować można wszelkie formy pożycia, również seks z owadami. Nie jest to częste, ale, gdy obie strony są sobą zainteresowane, dochodzi do zbliżenia. Tak, ludzie-owady istnieją. Wraz z rozwojem ludzkiej świadomości zdacie sobie z tego sprawę.

Jeśli chodzi o Archonów, rozmnażają się we własnym gronie. Gdy wiążą się z ludźmi, łączą się z waszymi myślami i zastępują je swoimi. Są przypadki potomstwa ludzi i Archonów. Część z nich rodzi się jako morderczy maniacy poprzez astralną infuzję, która może przybrać formę porodu naturalnego.

Mogą rozmnażać się w trzecim wymiarze, jest to jednak zabronione. W trakcie narodzin pojawiają się nieobliczalne zachowania oraz deformacje, tak, jak w przypadku Reptylian. Mogą być też znacznie gorsze.

Archonom spodobała się energia Arcturian. Mogli się uczyć dzięki ich błyskotliwym umysłom. Archońskie manipulacje mogą zmienić godnego uwagi naukowca w psychopatycznego introwertyka. Arcturianie są mocno powiązani z naukowcami i spirytystami z waszego świata. Przeniknęli przez nich wszystkich.

Bóg, który istnieje w waszej współczesnej religii, jest Bogiem miłosiernym. We wspólnocie naukowej bóg nie istnieje. Liczy się tylko nauka. Podejście Archonów jest bardzo proste. Kontrola i zamiana umysłu w labirynt. Wpływ Archonów skomplikował wasz sposób myślenia. Mogą ingerować w agendy Reptylian i Annunaki. Archoni mogą występować jako demony lub potężne anioły światła.

Kolejna przyczyna istnienia archaniołów. Część z nich jest dobrymi archaniołami.

Archoni są znani z posiadania skrzydeł, gdyż są powiązani ze wszystkimi gatunkami - ptakami, owadami, reptylianami i wszystkimi innymi formami życia. Reptyliańskie świnie pod wpływem Archonów mogą powodować problemy w waszym świecie. Nie są tam mile widziane.

Dostrzeżcie Archonów i Archaniołów w tym samym kontekście. Pozytywni Archonowie mogą być postrzegani jako jedne z najpotężniejszych istot na waszej planecie. Czy Archanioł Michał jest dobrym Archonem? Odpowiedź brzmi, tak. Przepływ światła w jego duszy umożliwił mu połączenie się ze wszystkimi istotami światła. Długo borykał się z problemami, aż się w nich zatracił. Stracił odwagę do bycia prawdziwym sobą. Dopiero po tysiącach lat prób, osiągnął mistrzostwo w wiecznej miłości.

Można powiedzieć, że Archanioł Michał jest podwójnym agentem. Zna zarówno jasną, jak i ciemną stronę. Musicie to wiedzieć by oprzeć się ciemności, by to zatrzymać lub usunąć. Gdy ksiądz w waszym świecie wyzwala z demonicznego opętania, musi najpierw zrozumieć ciemną stronę, by ją uleczyć. Co więcej, wy też musicie zrozumieć mrok, byście sami nie zostali opętani. Właśnie dlatego zrozumienie jest takie ważne. Niektórzy od tego uciekają.

Zrozumcie, że nie możecie zawsze uciekać. Nie ma się czego bać. Ci, którzy uciekają, obawiają się ciemności w nich samych. Stawienie czoła swojej mrocznej stronie pokazuje wielką dojrzałość. Ludzie, którzy są tutaj by wyrządzać krzywdę, doświadczają swej mrocznej strony. Wypuszczanie jej z siebie i wzrastanie do miana mrocznej istoty jest jednym ze wspaniałych doświadczeń. Niewiele dusz doświadcza mroku z taką łatwością. Dusze mogą spoczywać w ciemności przez tysiące lub miliony lat i dłużej. Pamiętajcie jednak, zawsze możecie odnaleźć światło. Wielu z was nie jest na to gotowych.

Walka między mrokiem a światłem trwa w waszym świecie nieustannie. Ciemność może podnieść ratingi, sprzedać albumy, książki i filmy. Bycie odpornym na manipulacje nie należy do łatwych zadań.

Przyjrzyjcie się temu z jeszcze bliższej odległości. Pomyślcie o wejściu w mrok, jak o czymś podobnym do zmiany płci. Zmieniacie swoją częstotliwość. To wszystko, o co chodzi. Nowy rodzaj doświadczenia. Gdy światło ucieknie przed mrokiem, ciemność będzie je ścigać. Gdy stawicie mu czoło nie będzie więcej was gnębić.

Czasami tak się zdarza. Mroczne dusze kończą ze swoimi doświadczeniami i wracają do światła.

Upraszczajcie wasze życia. Prostota pomoże wam odnaleźć światło i potrzebne odpowiedzi.

Przyjrzyjcie się waszym duszom z bliska. Przyszłość będzie końcem ciemności w waszym świecie. Uzdrowieniem ciemności. Łatwiej powiedzieć, niż zrobić, gdy umysłem rządzi strach. Dodajcie miłość i światło do waszego umysłu. Nie bójcie się więcej duchów i obcych.

Gdy miłość znajdzie się w waszym świecie, ciemność zniknie. To takie proste.

To, co stało się z Atlantydą, jest proste. Rady Atlantydy zaczęły obwoływać się królami. Reptyliańska kontrola umysłu stała się nieustraszona i destrukcyjna. Gdy wykluczeni powrócili, rozpoczęli manipulacje umysłowe - agenci propagandy ze swoimi kłamstwami, oszustwami i korupcją kobiecych energii.

Kobiety zostały zdeprawowane jako pierwsze. Przez mrok swoich seksualnych przyjemności, które prowadziły do związków z Reptylianami. Pozytywne rady Atlantydy zostały uwiedzione. Czy Atlantydzi rozpoczęli pierwszą wojnę? Tak. Gdy rady zostały przejęte, odczuwali strach. Więcej o tym w późniejszym czasie.

Atlantydzi obawiali się dużej ilości uchodźców. Użyli więc swoich zdolności, by uderzyć jako pierwsi w tereny późniejszej Azji Mniejszej. Można też powiedzieć, że była to pułapka, by Atlantydzi zadziałali z fałszywych pobudek. Chodziło o ich zniszczenie w trakcie wojny.

Wysokie rady Atlantydy zostały zmanipulowane. Obywatele Atlantydy musieli chronić się sami. Nie godzili się na wojnę, oraz ciągły przypływ niskich wibracji. Opuścili Atlantydę i przenieśli się z czasem do Egiptu.

Najpierw jednak musieli zniszczyć siebie samych. Współczesna oś czasu przejęła kontrolę nad Ziemią. Gdy trwała wojna z uchodźcami i innymi krajami, wysokie wibracje Atlantydy opadły. Kontynent uległ seksualizacji i zgubieniu. Lyranowie, Pleiadianie i Syryjczycy nie mieli innego wyjścia, niż ucieczka, podczas gdy Atlantydzi rozprawiali się z Ziemią.

Eksplozje były tak potężne, że ucierpiała skorupa Ziemi. Uchodźcy z Atlantydy użyli brudnych bomb, które otrzymali od Reptylian. Toksyczne chemikalia oraz toksyczne, negatywne istoty przylgnęły do nich, powodując obniżenie się atlantyckiej energii.

Podczas tych wojen, Annunaki manipulowali ludzkim DNA, sprawiając, że stało się one bardziej reptyliańskie. Annunaki i Reptylianie stali za zniszczeniem ludzkości. Znali ludzki potencjał i zagrożenie. Uważali ich za idealną rasę niewolników. Widać to dzisiaj w waszej współczesnej kulturze.

Usunięcie reptyliańskiej kontroli umysłów wydaje się niemożliwe. Ludzki umysł został sprowadzony do roli gryzonia. Nawet gryzoń o umyśle padlinożercy może być bardzo inteligentny i przydatny jako niewolnik.

Macie moc by poradzić sobie z tą przeszkodą dzięki waszym procesom myślowym. Jesteście kimś więcej, niż konsumentami. Jesteście potężnymi istotami, ludźmi-telepatami o zdolnościach telekinetycznych. Macie też wielki potencjał by urosnąć ponad trzeci poziom, nie pozwalając nużącym problemom świata was kontrolować.

Jak możecie połączyć się z wewnętrznym ja? Jedną z metod na otworzenie serca jest medytacja. Życie jest medytacją.

Odprężcie się.

Zamiast łączyć się z obcymi, sięgnijcie do siebie i bliskim wam ludzi. To, co poczujecie, to proces przebudzenia. Pracownicy światła ignorują ludzi trzeciego wymiaru. Nienawidzą też w nim wszelkiego życia.

Zdajcie sobie sprawę, że łącząc się z bliskimi wam ludźmi, odkrywacie świadomość trzeciego wymiaru. To kolejny sposób by uleczyć wasz świat. Świadomość Boga żyje w nas wszystkich. Zdajcie sobie sprawę, że jesteście Bogiem, a przebaczenie jest kluczem do uleczenia duszy.

Jeśli czujecie, że nie możecie połączyć się z innymi na poziomie osobistym, połączcie się z ludzką świadomością. Możecie poczuć jak opuszczacie swoje ciała. Możecie poczuć, że wkroczyliście w ducha.

W ten sposób łączycie się z najważniejszą osią czasową, osią czasową świadomości, w której panuje pokój na świecie, a świat jest całością.

Ivan Teller

Nowy człowiek

Wraz z rozwojem waszych mocy telepatycznych oraz przejściem umysłów do wyższych wymiarów, obecna wiedza wygaśnie. Trzecio-wymiarowe życie przestanie istnieć. Będzie wyglądać jak świat duchów. Problemy i kryzysy trzecio-wymiarowego świata znikną.

Odprężeni ludzie mają w sobie więcej miłości i mniej zmartwień.

Ludzka świadomość scala obecną rzeczywistość - mainstreamowe media i politykę waszego świata. Dramat waszych dni spowoduje wzrost waszych wibracji. Pojawi się nowa agenda. Pomysły na rozwój zaawansowanych technologii przyjdą do tych, którzy pragną nowych doświadczeń.

Nadejdzie nowy renesans. Nie ten, który zdarzył się wcześniej w historii. Ludzie, którzy przyzwyczaili się do niższych wymiarów będą mieli problem by wejść na wyższy poziom. Jeśli nie wykażą się cierpliwością i odpuszczą, ich droga skończy się dla nich jedynie bólem serca.

By dokonać przemiany duszy należy porzucić zmartwienia i połączyć się z tym, czego pragniecie doświadczyć. Dajcie sobie na to czas. Dusza musi mieć czas by uleczyć się z manipulacji trzeciego wymiaru. Odpocznijcie i, jeśli to możliwe, zrelaksujcie się i ograniczcie stres. Medytacja i wyzbycie się gniewu pozwoli waszym energiom wznieść się wyżej.

Zrozumcie. Nie ma czego się bać.

Dusza w codziennym życiu generuje stres. To normalne. Wyzbycie się tego stresu pozwoli waszej duszy poczuć się lżejszą. Nie jest to łatwy proces. Można go osiągać stopniowo.

W tej chwili, człowiek jest ograniczony w swoim progresie i sposobie myślenia. „Nie możecie tego zrobić" mówią wam wszędzie, prawda? Niestety, zazdrość jest kolejnym rodzajem energii znanej jako blokada. Jeśli ja nie mogę tego zrobić, znaczy to, że ty też nie.

Świadomość ludzka wkracza w nieograniczone wibracje. Oznacza to, że możecie dokonać wszystkiego. Wszystko zależy od was.

Ivan Teller

Kolejne 1000 lat

Kolejne 1000 lat przyniesie nową Ziemię. Ci, którzy połączą się z obcymi i aniołami, doświadczą wielu trudności, ale doprowadzą też do przebudzenia. Ci, na których będzie ciążyć największa presja, wprowadzą was do nowego świata.

Ci, którzy będą bezinteresowni, dadzą początek nowej Ziemi.

NASA zna prawdę. Prawda was wyzwoli jeśli zechcecie się z nią połączyć. Ziemia ma wiele wymiarów. Nie nauczą was tego w szkole. Co więcej, szkoły zbudowane są tak, by wyglądać jak więzienia i rzeczywiście nimi są. Nadejdzie czas w przyszłości, kiedy większość populacji Ziemi obudzi się i dostrzeże obecność obcych.

Pojawią się zamieszki i łączenie się z pięknem. Częstotliwość Ziemi obudzi się do wyższych wibracji. Czasy wielkiego stresu dobiegną końca, gdy ludzkość ostatecznie zaakceptuje prawdę. Będą przypadki użycia przemocy, ale też romanse i miłość, jakich wcześniej nie widziano na tej planecie – pełne spektrum atlantyckich doświadczeń.

Na początku Atlantydzi wykorzystywali swój najwyższy potencjał. Z czasem jednak nadszedł czas mroku i nie byli więcej w stanie używać swojej mocy.

Poczujecie radość, jakiej nigdy wcześniej nie doświadczyliście. Zobaczycie nie tylko ludzi-gwiazdy. Dołączycie do nich. Będziecie razem z nimi, w ich statkach odbudowywać Ziemię.

W tej chwili, ludzkość została zepchnięta na krawędź. Historia lubi i będzie się powtarzać. Prawda? Zostaną zbudowane nowe osie czasu dla nowej epoki. W rzeczywistości, nie będzie trzeciej wojny światowej, mimo, że niektórym ciężko w to uwierzyć.

Pamiętajcie, myślcie prosto z serca. Nie komplikujcie spraw. Gdy będzie w was miłość, nie będziecie potrzebować niczego więcej.

Archoni

Te teksty pochodzą od duchowych przewodników i wyższych, pozaziemskich istot. My, przewodnicy, mamy wiele do powiedzenia. Co tak naprawdę powoduje wrogość na waszej planecie? Czy Archoni znajdują się w układzie słonecznym?

Ludzki system wierzeń ma swoje granice. Archoni są jednymi z najbardziej zaawansowanych manipulatorów we wszechświecie. Dają Reptylianom i Annunaki sięgać po swoje pieniądze. Gdy zostajecie zaatakowani przez Reptylian lub inną negatywną istotę, źródłem tego ataku mogą być właśnie Archoni. Znaczy to, że wasi manipulatorzy sami padają ofiarą manipulacji z innego źródła.

Archoni wywierają nacisk na waszą planetę, by zdobywać doświadczenie. Z mistrzami trudno dyskutować. By pokazać swoją moc osłabiają umysł, który staje się podatny na kontrolę. Robią to samo z Reptylianami.

Archoni z wyglądu mogą przypominać nietoperze. Przybierają też wiele innych form, podobnych do robotów i cyborgów. Zeta Grey są do nich podobni w swojej robotycznej naturze.

Negatywni Archoni stworzyli niższe struktury astralne. Jednym z innych sposobów by obniżyć pole energetyczne waszego świata było zrobienie tego astralnie. Świat duchów wokół waszej planety uległ wielkim wpływom. Dlaczego czujecie, że bierzecie udział w przegranej walce? To dlatego, że niższe struktury astralne podłączyły się do świadomości waszej planety.

Stało się to we wczesnych czasach Atlantydy. Gdy wibracje Atlantydy się obniżyły, przeszła w niższe struktury astralne. Dla lepszego zrozumienia, zaawansowani Atlantydzi, którzy sprawiali kłopoty na waszej planecie, stali się Archonami. Wciąż starają się jej zaszkodzić.

W miarę, gdy wasza planeta staje się bardziej świadoma kontaktów z Atlantydą, Archoni jeszcze bardziej pragną zaszkodzić Waszej świadomości. Atlantydzi odpowiedzialni za zniszczenie Atlantydy stali się innym rodzajem mrocznych istot.

Część z nich dołączyło do Iluminatów. Inni stali się demonicznymi energiami lub Archonami. Demony to inna nazwa Archonów.

Większość stworzeń, które w waszej mitologii nazywacie potworami, to Archoni. To zaawansowane istoty, które usunęły ziemską formę żywiąc się negatywną energią. Dlaczego te demony wyglądają tak złowieszczo? Negatywne ludzkie emocje i myśli stworzyły nowy gatunek mrocznych istot.

W czasach waszej Atlantydy, mroczne istoty pojawiły się na waszej planecie i stały się widoczne. Mroczne istoty przypuściły kolejny atak na Atlantydów, którzy nie mogli dłużej walczyć. Widzieliście filmy z latającymi stworzeniami siejącymi anarchię. To właśnie Archoni.

Kultura waszej świadomości pozwala tym informacjom się rozprzestrzeniać. Warto dostrzec i zrozumieć pozytywne i negatywne skutki obecności obcych. Wasze społeczeństwo jeszcze tego nie rozumie. Wraz z większą ciekawością ludzkości, doświadczycie fizycznych kontaktów z tymi istotami.

To trochę jak pozwolić filmom naprawdę się wydarzyć. Jesteście w filmie, ale doświadczacie jedynie połowy jego rzeczywistości. Gdy dusze przejdą na druga stronę, zobaczą wszystkie istoty obcujące z ludzkością. Wiedza nie zawsze przychodzi w całości.

Wasza planeta doświadczy tego wraz ze wzniesieniem się do czwartego wymiaru. Im bardziej dusza gotowa będzie dostrzec, co dzieje się na waszej planecie, tym bliżej będziecie interakcji z fizyczną rzeczywistością, po którą sięgacie.

Musimy zakończyć przekaz tej wiadomości.

Ciąg dalszy nastąpi później.

Jezus i Atlantyda

Jezus pochodził z Atlantydy, od jej skromnych początków, po zakończony porażką koniec. Na końcu wojen atlantyckich Jezus nie należał do pozytywnych dusz. Zgubił swoją drogę jak większość Atlantydów, jednak jego agenda bardzo różniła się od pozostałych.

Chciał eksplorować mrok ludzkości stając się jej częścią, a następnie wyzwolić ją z amnezji. Szukał diabła w swojej duszy i pokazał Ziemi swój gniew. W jego czasach wiele było czarnej magii. Jezus był jednym z czarnoksiężników. Nie umarł po zniszczeniu Atlantydy. Udał się do Egiptu, by siać więcej spustoszenia.

Sprowadzając swoje moce do Egiptu, region nabrał duchowej istoty. Później został zniszczony przez bardziej zaawansowane byty. Używał oceanów by się chronić, jednak jego możliwości na lądzie były mniejsze. Z czasem zwiększyłby swoją moc dla większego dobra.

Tak, Jezus i inni Atlantydzi potrafili latać. Wraz ze swymi mrocznymi sposobami, czarnoksiężnicy Atlantydy byli w stanie manipulować energiami Ziemi by latać w przestworzach i pokazać słabszym Atlantydom, że ciemna strona jest jednym wyborem.

Czarnoksiężnicy Atlantydy byli czczeni przez swoich wyznawców. Nikczemny Jezus był potężny. Podnosił też umiejętności pozostałych Atlantydów. Tam, gdzie istnieją moc ciemnej strony, musi też znajdować się jasna.

Gdy Atlantydzi obniżyli swoje wibracje, z czasem utracili informacje. Nie można już było z łatwością sięgać po powszechnie znaną wiedzę. Czarownicy Atlantydy łączyli się z archiwum by podtrzymać swoje umiejętności i wiedzę. Nawet oni byli jednak słabsi niż ich przodkowie.

Jezus narodził się w bogatej, arystokratycznej rodzinie atlantyckiej. W tamtym czasie na Atlantydzie było wiele ras, włączając w to tych o niebieskim i żółtym kolorze skóry, oraz wielu innych, których nie można już spotkać.

Starożytni Atlantydzi byli też Arabami. Urodzić się do czarnoksięstwa to trochę jak urodzić się w rodzinie bankierów. Współcześni bankierzy w mądry sposób korzystają z kontroli umysłu. Pieniądze uwodzą i kontrolują umysły w bardzo skuteczny sposób.

Gdy Jezus się zestarzał jego moce były dobrze znane. Ulubioną z nich była kontrola umysłu, nigdy zaś nie używał umiejętności leczenia. Można powiedzieć, że Jezus był Merlinem swoich czasów. Demoniczne energie były mu dobrze znane. Jego ścieżką nie było jedynie zniszczenie. Jako reptyliańska istota, używał swojej mocy by ukazać potencjał ludzkości.

Święte miejsca na świecie mają w sobie energię Jezusa.

Lumerianie również znani są z latania. Nie wszyscy z nich korzystają z tej umiejętności, jednak wielu ją zgłębiło. Atlantydzi odwiedzali Lumerian by uleczyć się po wielkiej wojnie. Część Lumerian została pojmana i zmuszona do leczenia.

Jednym z powodów, dlaczego syreny wyglądają jak ludzie, są ich częste stosunki płciowe z ludźmi, oraz wspólne dzieci. Starożytne syreny były istotami obcymi dla waszego świata. Były też w większości Syryjczykami.

Wielu Syryjczyków czuło się sfrustrowanych ludzką rasą, po tym, gdy przeprowadzano na nich eksperymenty a następnie pochłonęła ich wojna. Część Syryjczyków wróciła na Ziemię jako wcielenie bogactwa.

W tym czasie Król Salomon był również jednym z czarowników Atlantydy.

Jezus i Król Salomon walczyli ze sobą i stali się śmiertelnymi wrogami. Jezus był w tym czasie upadłym aniołem, zmartwychwstałym jako człowiek, zgłębiającym ciemność światów przed jego ziemskim wcieleniem.

Jezus i Król Salomon byli braćmi w innych światach w poprzednich wcieleniach.

Ścieżką Ziemi było jej przebudzenie. Wcześniej została jednak odcięta od ducha. Atlantydzi, mimo, że byli bardzo zaawansowani, zachowywali się jak dzieci. Potrzebowali ekspansji duszy, by nadal zgłębiać ludzkie uwarunkowania. W tamtych czasach posiadali olbrzymią wiedzę, jednak, by nadal zgłębiać człowieka, musieli z niej zrezygnować.

Robiąc z rasy ludzkiej niewolników, Annunaki w wielu kwestiach zaszli za daleko. Czy aby na pewno? Jednym z powodów dlaczego ludzie są tacy zagubieni jest prawie kompletne odcięcie od nagrań akashi.

Współczesny człowiek jest częścią masowej, Archońskiej kontroli umysłów. Utrata całej wiedzy była darem. Po zniszczeniu Atlantydy na planecie zapanowała globalna amnezja. Inne światy również przez to przechodziły.

Planeta Maldek też przeszła tę drogę. Gdy wyższa wiedza została utracona, została zniszczona. Utrata wyższej świadomości i wiedzy wymaga odwagi i męstwa. Niewiele cywilizacji jest w stanie przetrwać.

Rasa ludzka na Ziemi zostałaby unicestwiona wieki temu gdyby nie DNA i ludzki duch, które ewoluowały w ludzkiej świadomości. Planeta odnalazła złoto. Złoto, które jest w każdym człowieku na Ziemi. Obecnie ludzkość jest w trakcie reaktywacji na wzór Atlantydów, jednak podróż po wyższą wiedzę nie będzie łatwa.

Nie poddawajcie się.

W przyszłości nie będzie wojen. Ludzkość się zjednoczy. Cykl trzeciego wymiaru zakończy swój bieg. Bądźcie silni i kontynuujcie swoją podróż. Ma ona swoją wartość.

Fragmenty czwartego wymiaru ułożą się w całość.

Wasz kontakt z obcymi się zwiększy. Przede wszystkim nastąpi koniec amnezji. Zdajcie sobie sprawę, że amnezja na takiej planecie jak wasza jest jednym z najtrudniejszych wyzwań dla duszy. Co więcej, pisemne połączenia będą nadal istnieć. Wciąż będziemy dzielić się informacjami ze świata duchowego, do chwili wejścia waszej planety do piątego wymiaru.

W tym momencie świat duchowy zostanie przez was przeniesiony do innych wymiarów i wzbogaci wasze biblioteki wiedzy o tryliony nowych wpisów. Będzie to podróż pełna trudów. Warta jednak odbycia.

Channeling w Syrii. Prawo jednego 4-14-18

Co dzieje się w Syrii? Prezydent Syrii, Asad nie jest problemem. Nie jest idealny ale globalne elity już go nie chcą. Pomaga narodowi syryjskiemu lecz jego wysiłek nie zawsze bywa doceniany.

Syria znajduje się w pobliżu wielu gwiezdnych wrót i portali obcej energii. Wiele negatywnych ras syryjskich używa Syrii do obniżenia świadomości ludzkiej. Nie zawsze tylko Reptylianie sprawiają trudności. W tym przypadku nie są nawet zaangażowani. Tak wyglądają syryjskie kontrowersje.

Zdajcie sobie sprawę, że obcy widzą przyszłość. Syria jest jednym z ostatnich miejsc konfliktu, którym można w pełni zawładnąć. Irak nadal pozostaje częścią globalnej manipulacji, ale to Syria jest miejscem newralgicznym. Iran nie może zostać zdobyty, a duża część głębokiego państwa jest zdesperowana.

Zdajcie sobie sprawę, że ci z was, którzy nie chcą wojny, będą zawsze manipulowani do momentu podniesienia Waszych wibracji do czwartego wymiaru. Poszerzcie świadomość, a dostrzeżecie waszych obcych.

Syryjczycy są związani z Arabią Saudyjską, i nie zawszę są uczciwi w stosunku do głębokiego państwa. Nie mają problemu ze sprzedawaniem Arabów, których uczynili bogatymi. Obcy z Syrii pomogli Saudom wzbogacić się i stać się potężnymi.

W starożytnych czasach Syryjczycy w cichy sposób najechali świat arabski, używając bogactwa by przekonać królewskie rodziny do przyznania dostępu do syryjskiej agendy. Mekka jest stolicą manipulacji Arabii Saudyjskiej i Syrii. Zjednoczone Emiraty Arabskie są również pod ich kontrolą. Przez lata manipulacje uległy zmniejszeniu lecz się nie skończyły.

Mekka kontroluje przywódców świata arabskiego. Syryjskie rady, zwane Quan, pochodzą z Syriusza B. Ich agenda nie jest pozytywna. Część z tych Syryjczyków z wyglądu przypomina Reptylian. Ich manipulacje rozciągają się do Egiptu.

Quan byli uchodźcami z Oriona, zmuszonymi do opuszczenia Syriusza B po zmanipulowaniu ich rad i wzięciu wielu syryjskich kobiet jako zakładniczek. Kobiety zostały przetransformowane w mężczyzn i użyte jako przywódcy.

Gdy Quan znaleźli Ziemię, była dla nich łatwą zdobyczą. Przez lata zasiedlali pustynne tereny Arabii Saudyjskiej. Ukryci, opracowywali kolejny plan, śledzeni przez Prawo Jedynego.

Prawo Jedynego to pozytywna Rada Syryjska, urzędująca obecnie na Ziemi. Łączy się z Galaktyczną Federacją Światła, czuwającą nad ziemskimi oceanami. Ocean Indyjski i Atlantycki może być tak gęsty, jak tereny pustynne waszego świata. Wiele gwiezdnych baz obcych znajduje się pod wodą, głęboko wewnątrz basenu Oceanu Spokojnego.

Wszystkie z nich są wrogie.

Prawo Jedynego było zawsze powiązane z Egiptem i Atlantydą. Nigdy nie ingerowali w ludzkie doświadczenie, jednak, gdy Quan zaczęli swoją działalność, było już za późno by odwrócić manipulację. Quan i Annunaki przejęły wadzę nad światem arabskim, wraz z Mekką jako centrum manipulacji.
Chodziło o pozbycie się kobiet i pozwolenie mężczyznom na władanie światem. Kobiety nie uległy manipulacjom, musiały więc zostać przedstawione w złym świetle. Quan nakazali mężczyznom zniszczyć kobiety i używać ich jedynie do celów reprodukcyjnych w domu. Nigdzie indziej.

Źli Reptylianie mieli swoje mroczne momenty jednak Syryjczycy poszli o krok dalej. Chcieli całkowicie uniezależnić się od kobiet i sprawić, że mężczyźni będą rozmnażać się sami. Przeprowadzono eksperymenty wśród mężczyzn, lecz narodzone z tych związków hybrydy po wielu nieudanych próbach zostały zniszczone.

Rada Jedynego Prawa zniszczyła ośrodki gdzie przeprowadzano eksperymenty. Część Iluminatów charakteryzuje się ich cechami. Męskie hybrydy człowieka zostały stworzone do reprodukcji. Jest to typowa dla Syryjczyków cecha wśród obcych ras. Wiele z nich tym się wyróżnia.

Zastanawialiście się dlaczego jest tak wiele bezdzietnych, pracujących kobiet, które mają leniwych partnerów i mężów? Wśród niektórych kocich ras Lyran, samce rodzą dzieci i opiekują się domem. Światy Syryjczyków, Pleiadianian, Orionów i Andromejczyków wyglądają podobnie.

Wasza planeta jest bardziej reptyliańska. Role są odwrócone. To kobieta jest matką troszczącą się o dom. By być blisko z dziećmi i wytworzyć z nimi więź wiele kobiet wchodzi w rolę rodzicielek. Bez tej więzi, matki czują się samotne i odizolowane. Bycie szefem który nie ma rodziny jest bardzo samotne. Wiele kobiet przyjmuje rolę rodzicielek by wytworzyć więź ze swoimi dziećmi.

Niektóre matki w waszym świecie nigdy nie wytwarzają więzi z własnymi dziećmi. Wierzą, że samo posiadanie dziecka uruchomi instynkt macierzyński. Nie zawsze się tak dzieje.

Wróćmy do tematu Quan.

Złowrodzy Syryjczycy zawsze walczą ze złowrogimi Reptylianami zmieniając osie czasu i sprawiając, że ludzie czują się chorzy. Gdy człowiek zachoruje bez powodu, prawdopodobnie chodzi o zmianę osi czasu. Zmiany mogą też źle wpływać na pogodę. Wojny w przeszłych dziejach Ziemi można połączyć z wojnami czasu – Galaktycznymi wojnami w innych układach gwiazd.

Prawdę mówiąc, przyczyną tego, że większość ludzi nie przyjmuje do wiadomości obecności obcych na waszej planecie jest to, że nie chcą mieć z nimi niczego wspólnego. Większość ludzi na waszej planecie nie mogło tego więcej znieść. Gdy połączycie się z negatywną energią świata takiego jak ten, pojawią się złe wspomnienia z obcymi oraz strach.

To bardzo proste lecz jednocześnie skomplikowane.

Powiemy więcej o syryjskich i reptyliańskich powiązaniach w kolejnym rozdziale.

Ivan Teller

Mekka

Koci Lyrianie chronili Ziemię przez miliardy lat. Doszło do wielu incydentów, które miały zakończyć jej istnienie. Reptylianie chcieli Ziemi dla siebie – eksperyment z dinozaurami nie zadziałał. Chcieli by Ziemia była światem dinozaurów. By ludzie i dinozaury włóczyli się razem po planecie.

Tak długo jak mogli rządzić planetą.

Rady Syryjskie decydowały o doświadczeniach ludzkich na tej planecie – planecie dla wszystkich. Eksperyment ludzki miał być kontynuowany. Dobrzy Reptylianie połączyli się z Ashtar Command, by pomagać przy ochronie Ziemi i usunięciu złych Reptylianów. Gdyby Reptylianom się nie udało, Ziemia miała zostać zniszczona. Wiele nauczono się od rasy Lyra. Przybyło wiele ziemskich barier ochronnych. Wojny między Reptylianami i Lyranami spowodowały wyginięcie dinozaurów.

Współczesny ziemski człowiek został stworzony dzięki obcej technologii. Był w tamtym czasie połączeniem obcych ras odwiedzających planetę. Miał wiele wersji. Pierwsi ludzie byli bardzo zaawansowani i źli. Neandertalczyków pozostawiono. Celem był ich rozwój..

Nowa wersja człowieka była głębsza i bardziej skomplikowana niż kiedykolwiek wcześniej. Posiadała cechy, jakich przez długi czas nie można było zaobserwować nawet u najbardziej zaawansowanych istot. Plemienni ludzie, z widocznymi cechami małp oraz Reptylian, byli bardzo prymitywni i pełni furii.

Ludzie posiadający DNA małp oraz Reptylian mieli energię, która była w konflikcie. Jako Neandertalczycy, byli spokojnymi istotami trzeciego wymiaru, które niestety nie kontrolowały swego gniewu. Przez większość czasu były to jednak pokorne istoty.

Wraz z ulepszeniem DNA ludzi pierwotnych, wyewoluowało wiele rodzajów istot. Sasquatch i Dodman pochodzą z wczesnych eksperymentów tego rodzaju. W czasie ewolucji człowieka pojawiły się różne wersje Sasquatch. Mekka stała się centrum Ziemi. Fundamentem tego, za czym powinien podążać świat. Celem była kontrola umysłu. Kultura to w waszym świecie synonim tej kontroli.

W średniowieczu magia była wszędzie. Tak naprawdę nigdy nie była zrozumiała. Z czasem zeszła do podziemia. Obecne elity rządzą magią na waszej planecie. Współczesne niewolnictwo jest związane z komercją. Współczesny konsument jest niewolnikiem, wpisującym się we mieszankę kontroli umysłu. Ma zostać rozpoznanym i odnieść sukces.

Bogowie, którzy kiedyś rządzili wasza planetą przeistoczyli się w dzisiejsze pieniądze, religię i konsumpcjonizm. Dzisiejsi kontrolerzy unikają rozgłosu używając celebrytów i władzy do kształtowania przyszłości.

Współcześnie mówi się człowiekowi by nie wierzył, że manipulujące siły są wśród nas. By płynął z prądem, zarabiał na życie, popadał w samozadowolenie i, przede wszystkim, zaakceptował rzeczywistość, w której nie ma obcych na waszej planecie. By grał rolę zwykłego człowieka nie zapominając o swojej bezsilności.

Mity są tylko mitami. Współczesne pokolenie wie lepiej że wszystkie sprawy na świecie mają się dobrze. Ludzie mają sobie nie zdawać sprawy z tego, że istnieją istoty z wyższych wymiarów, które pomagają ludzkości. Istnieją również inne, które pragną uczynić z ludzkości niewolników kontrolując ich umysły.

Czarna magia jest praktykowana codziennie. Nigdy nie wspomina się o tym w dzisiejszych rozmowach z opinią publiczną. Ludzie nie mogą się dowiedzieć, że magia jest używana do manipulowania umysłów. Mekka jest centrum kontroli umysłów, tak jak Waszyngton. Watykan i Londyn milczą. Spójrzcie na Amerykę. Zawsze o niej głośno w wiadomościach o świecie.

Dzisiejszy Rzym kieruje agendą Ziemi. W Mekce jest wielu Iluminatów, ulepszających swoje moce poprzez czerpanie energii z ludzkości. Czarni magowie Iluminati pozostają poza zasięgiem wzroku współczesnego człowieka. Mekka jest jednym ze źródeł ich władzy.
Watykan jest miejscem rytuałów. Istnieje wiele miejsc związanych z druidami, również kontrolowanych przez umysły Iluminatów. Służą do tego, by nadal swo-

ją magią więzić ludzkość. Dzisiejsza religia daje władzę Iluminatom. Im bardziej czcicie ludzkich bogów, takich jak papież, tym więcej władzy oddajecie w ręce elit.

Nie ma niczego złego w oddawaniu czci bogu. Zdajcie sobie sprawę, że czczenie Buddy albo Jezusa daje władzę elitom. Jesteście wolni i możecie postępować tak jak chcecie. Elity manipulują ziemską energią. Przestrzeganie wytycznych świąt również daje im władzę. Nawet ślub może się do tego przyczynić. Celem elit jest kontrolowanie waszego małżeństwa. Nie zawsze musi to mieć miejsce. Zauważcie, że religia jest zazwyczaj częścią ceremonii małżeńskiej. Można w ten sposób być w związku małżeńskim nieodłącznie związanym z agendą Iluminati.

Wiadomości ze Świata Zewnętrznego

Egipt jest waszą starożytną Atlantydą. Energie egipskie były znane pod różnymi imionami na długo przed powstaniem Ziemi. Orion jest ich źródłem. Większość z was się o tym dowie.

Na podstawie wielu hieroglifów można zauważyć, jak wiele obcych ras odwiedziło wasz świat. Wasza planeta jest bezpieczna ale, jak wiecie, czeka ją jeszcze wiele wyzwań. Kręgi energetyczne Oriona otaczają wasza planetę by zapewnić jej bezpieczeństwo. To prawda, że to ludzie decydują kogo przyjąć do tego świata, a kto nie jest mile widziany.

Jako ludzie z planety Ziemia, kontrolujcie swoją rzeczywistość. Jeśli pragniecie pozytywnych odwiedzin obcych ras, będziecie je mieli. To od was zależy, czy nas poznacie i zrozumiecie nasze intencje. Wielu się nas obawia. Jest to jedna z przyczyn dlaczego nasze odwiedziny nie są częste.

Ludzkość nie zdecydowała jeszcze czy chce naszej ingerencji w swoją rasę. Nas, czyli zgromadzenie Orionów, Yahyel i Zeta. Mądrość waszej planety wciąż trzyma nas na dystans. Wasz świat wciąż potrzebuje uzdrowienia - bieda, nadużycia na poziomie rodziny, różne romanse.

Nie jest tak trudno się z nami skontaktować. W świadomości waszej planety jest wiele strachu. Związek ze światem pozaziemskim jest w waszym świecie niemal całkowicie zabroniony. Dostarczyliśmy wam języki i technologię. Obserwowaliśmy, jak się rozwijacie od samego początku. Nie jesteśmy waszymi stwórcami. Jesteśmy waszymi przyjaciółmi i rodziną.

Chodzi o odnalezienie waszego wewnętrznego szczęścia. Odnajdźcie waszą wewnętrzną duszę. Ona chce przemawiać lecz jest często ignorowana przez wasze systemy wierzeń. Energie duszy na tej planecie są powiązane ze zbiorową świadomością Arcturian.

Arcturianie, za waszym przyzwoleniem, mogą słyszeć wasze myśli i być częścią waszej duchowej misji. Każdy człowiek na waszej planecie odwiedza Arcturiańską rzeczywistość podczas swojego ziemskiego wcielenia. Jest to szkoła wyższej duchowości. Podczas ciężkich prób, wielu z was łączy się z Arcturianami i odwiedza ich lecznicze komory w gwiazdach. Możecie odłączyć się od waszej duszy i zupełnie zatracić się w żalu. To zawsze wasza decyzja w jakim kierunku podążycie.

Wiele niższych gwiezdnych istot używa żalu i cierpienia by przekonać duszę, że są ofiarami. Mówią, że nie ma nadziei, ani powodów do życia... gdy macie wszystko, czego można zapragnąć. To zawsze wasz wybór, którą ścieżką podążycie. Wyzwania mają pozwolić wam obrać nowy kierunek lub wznieść się na wyższy poziom. Konflikty nie mają służyć zniechęcaniu was przed zaspokajaniem potrzeb duszy. Mają was otworzyć. Dlatego jest ich tak wiele na waszej planecie. Dusza pragnie się rozwijać. To, co z tym rozwojem zrobicie zależy tylko od was. Każdy konflikt ma na celu zwiększenie doświadczenia duszy.

Samobójstwo prowadzi duszę w nieznane. Wybiera ona, którego konfliktu doświadczyć. Im bardziej zwiążecie się ze światłem podczas doświadczania samobójstwa, tym szybciej uda wam się uleczyć. Zdajcie sobie sprawę, że dusza ulega fragmentacji i rozszczepieniu. Inne wersje duszy zostaną rozproszone. Odczujecie z jaką intensywnością. Proces leczenia po samobójstwie nigdy nie należy do łatwych. Gdy fragmenty duszy zostają rozproszone, ulegają manipulacjom. Uleczenie z manipulacji może trwać latami lub dekadami. Możecie przejść przez bramy niebios jednak trudno będzie wam połączyć się z utraconymi fragmentami. Może je spowić mrok.

Dusze, które doświadczyły samobójstwa zazwyczaj przenoszą jego efekty do przyszłych wcieleń. Zdajcie sobie sprawę, że stare umowy przestały obowiązywać. Żyjecie teraz w nowym wcieleniu. Wraz z nowym wcieleniem nie jest łatwo trzymać się nowych umów – oznacza to, że istnieją dusze, które ponawiają proces samobójczy. W zależności od duszy, potrzeba pięciu wcieleń by przerwać ten cykl. Samobójcze energie płynące z przeszłości są dla niej zazwyczaj torturą.
Dusza ma wybór, czy chce dalej żyć. Można przerwać koło samobójcze.

Gdzie jest Atlantyda i Iluminaci?

Iluminaci przejęli Atlantyckie energie i ich wpływ na świat. Grecka architektura jest bardzo atlantycka.

Greckie świątynie były kiedyś Atlantyckimi. Styl w architekturze pozostaje wierny Imperium Rzymskiemu. Wpływ atlantycki nadal istnieje. Partenon w Atenach jest idealnym przykładem tego wpływu. Wcześniejsza atlantycka świątynia uległa konwersji dzisiejszej greckiej kultury.

Nie wszystkie świątynie w Grecji są atlantyckie jednak widoczne są jej wpływy. Rzym pragnął dominacji na świecie nie zdając sobie sprawy, że się z niej wywodził.

Wraz z jej zniszczeniem, przetrwała siła jej religii. Nie chodziło o samą religię, raczej o potężne psychiczne moce oraz telekinetyczne energie wykraczające poza inne rasy obcych.

Podsumowując, Atlantydzi nie byli w stanie kontrolować swych mocy, jak mogliście zapewne usłyszeć z innych źródeł. To trochę jak dać noworodkowi prowadzić dynamiczny, sportowy samochód. Byli prymitywną rasą o zaawansowanych umiejętnościach, niewystarczająco dojrzałą by zapanować nad swoją mocą.

Jeśli potrzebujecie uproszczonego zrozumienia Atlantydów, ich dzisiejsza obecność jest tajemnicą. Część dołączyła do Iluminatów, kontynuując swoje manipulacje. Inni stali się czarnoksiężnikami waszego świata, stojąc za utworzeniem religii na waszej planecie. Obcy Zeus i egipscy bogowie stracili swoje wpływy gdy ludzie stali się łatwi do zmanipulowania.

Strażnicy nadziei rozpoczęli zniewalanie ludzkości. Nigdy wcześniej do tego nie doszło. Można więc powiedzieć, że obserwowanie rasy pragnącej zniewolić społeczeństwo jest pewnego rodzaju eksperymentem.

We wszechświecie można spotkać się ze światami na sprzedaż. Ludzie zgłosili się na ochotnika do pozostania rasą niewolników. Niewolnictwo jest współczesnym stylem życia na Ziemi. Współczesne niewolnictwo w waszym świecie znane jest pod nazwą kultury.

Atlantyda żyje we współczesnych religiach. Jej władza wciąż panuje w waszym świecie. Magia służy do zniewolenia umysłów. Podczas ostatnich lat Atlantydy, ludzie, walcząc z nieznanych, fikcyjnych powodów z innymi kontynentami oraz prowadząc do nic nie znaczących wojen, myśleli, że postępują właściwie. Wojny stworzone zostały dzięki manipulacjom.

Wielu z Waszych polityków to starożytni Atlantydzi, kontynuujący swoje manipulacje. Thomas Jefferson był jednym z nich, czarownikiem o wielkich wpływach. Wasz dzisiejszy świat jest echem przeszłości.

Magia starożytnego Babilonu była atlantycka. Świat babiloński jest tym, w którym żyjecie. Symbolika i manipulacje są wszechobecne.

Istnieje też duże prawdopodobieństwo, że wasi obcy ponownie wejdą w interakcję z ludźmi. Nie zapomnijcie, że bardzo dobrze znają waszą rasę. Oszustwo można łatwo rozpoznać. Są w stanie je przewidzieć zanim zostanie zaprojektowane.

Po dziesięciu latach od ukazania się tego pisma powinniście zauważyć więcej aktywności obcych na waszej planecie. Odrzućcie manipulacje, a poczujecie energie Atlantydy. Archoni używają energii Atlantydy do manipulowania ludzi. Chcąc pozbawić was mocy, mówią wam, że jesteście bezsilni.

Ludzie najczęściej sądzą, że tacy właśnie są. Nie mogą bardziej mijać się z prawdą.

Jeśli chodzi o Iluminatów, i to, gdzie się znajdują, podążajcie za pieniędzmi, a ich znajdziecie. Największe korporacje używają ich symboliki i wpływów. Spójrzcie choćby na listę najbogatszych ludzi i rodzin na świecie.

Trzynaście rodzin już znacie, jednak ich wpływy są znacznie głębsze. Lockheed Martin i General Dynamics są w rękach Iluminatów. Boeing zmienia się na lepsze ale wiele jeszcze trzeba zrobić. Te gigantyczne firmy mają wytworzyć wir i wmówić wam, co macie myśleć.

Brama do piątego wymiaru

Wytwarzają też matrix, w którym żyjecie. Nadzorują go wielkie firmy zajmujące się zaawansowaną technologią. Ilu z was ma telefon lub telewizor? Spójrzcie tylko jaki wpływ mają te urządzenia. Media przemawiające przez te urządzenia używają tej samej siły przekazu co ich twórcy.

Jak byście się czuli, gdyby jedna firma rządziła całą waszą planetą? Pewnie byście spanikowali. Firmy te oddzielnymi jednostkami, jednak pod ta samą agendą. Babilon jest korporacją, kontynuującą stare rytuały, mające na celu kontrolowanie waszej rzeczywistości.

Google i Boeing, przy całej korupcji i manipulacjach, nie zostały jeszcze w pełni przejęte. Po dekadach manipulacji i kontroli, Boeing powoli wychodzi na prostą. W przypadku Raytheon sytuacja wygląda inaczej. Jeśli szukacie publicznej firmy, która jest powiązana z Iluminatami, jest nią Raytheon.

Kontrola umysłu i technologie chemiczne to tylko kilka przykładów. Najistotniejsze firmy zajmujące się obroną zajmują się również tajnymi projektami. W sekrecie podtrzymują swoją agendę. Przez większość czasu publiczne sektory ich firm nie mają o tym pojęcia, na ich szczycie znajdują się jednak ludzie z CIA i innych agencji wywiadowczych.

Rozbijcie te firmy. Publiczny front został stworzony dla posiadaczy akcji i milionerów, używających technologii „nie z tego świata," szykujących się na wojnę, która nigdy nie nadejdzie. Mamy już wystarczająca ilość broni by unicestwić planetę, jednak wasze społeczeństwo nadal tkwi w epoce kamienia łupanego.

Społeczne działania wojenne, rasizm i skorumpowana polityka służą do obniżenia wibracji dzieciom. Pieniądze obniżają wibracje ludzkości. Pieniądze to nie tylko kontrola. Służą również do manipulacji energią ludzkiej świadomości.

Świadomość nie powinna wzrastać duchowo. Ciężko o wzrost, gdy martwisz się o tak podstawowe potrzeby jak jedzenie czy najbliższa wypłata. Zostało to w ten sposób wcześniej zaprojektowane.

Atlantyda nadal tu jest. Musicie ją tylko odnaleźć. Reaktywacja ludzkości sprowadzi Atlantydę z powrotem do fizycznej rzeczywistości. Obecnie większość Atlantydy znajduje się w czwartym wymiarze. Przynajmniej to, co z niej zostało.

Można powiedzieć, że obcy z czwartego wymiaru są w wymiarze Atlantydy.

Obecnie to Archoński Wymiar, lub Archońska Sieć otacza waszą planetę. Wraz z wzrostem ludzkiej świadomości, prawda was odnajdzie. Wiara w siebie jest kluczem. Wiara w swoje ja z wyższego wymiaru zwiększy wasze wibracje.

Mroczni Atlantydzi używają swoich zaklęć na ludzkiej świadomości. Nie chcą być widoczni, jednak są prawdziwi. Ludzkie wibracje obniżyły się do poziomu wibracji zwierzęcych. Obudźcie się. Nadszedł czas pracy.

Gdy obudzą się w was wyższe instynkty, ludzkość nie będzie już potrzebować snu ani higieny. Będzie zawsze czujna. Część z was będzie potrzebować odpoczynku. Większość będzie chciała pozostać obudzonymi by eksplorować i doświadczać nowego.

Wraz z waszym przebudzeniem, połączycie się z siłami Iluminati, zarówno tymi dobrymi, i złymi. Podczas ulepszania waszych wibracji będziecie postrzegać dobro i zło w zupełnie inny sposób. Korzyści wynikające z obu staną się przejrzystsze. Archoński wir żyje teraz w umyśle. Myślenie przychodzi z trudem. Annunaki też są za to odpowiedzialni. Ludzie są znani z karania siebie nawzajem. To musi się skończyć.

Brama do piątego wymiaru

Lud Quran

Szczęście można odnaleźć wewnątrz siebie. Czwarty wymiar jest z wami. Wyższe wymiary nie są daleko. Gdy religia została sprowadzona do waszego świata, wyższe wymiary zaczęły powoli zanikać.

Co więcej, religia jest związana z niższymi wymiarami światów, które pragną zniewolenia waszej planety. Lud Quran miał za zadanie zjednoczyć ludzkość na Bliskim Wschodzie. Zamiast tego ją podzielił. Tekst obcych został zmanipulowany, a ziemska świadomość naruszona.

Syryjczycy przynieśli podarunek dla Ziemi. Tym darem była wiedza obcych. Reptylianie i Draconianie posłużyli się tą wiedzą do budowy broni przeciwko ludzkości. Architektura manipulacji połączyła się z korzeniem czakry i zatruła go. Wszystkie czakry zostały zatrute przemocą.

Dlatego też uleczenie czakr jest takie ważne. Ponowne połączenie ze wszechświatem i ponowne odnalezienie waszych galaktycznych rodzin. Sięgnięcie do głębin waszych stwórców. Czakry reprezentują światy, z których pochodzicie. Syriusz, Wenus, a nawet słońce są z wami powiązane.

Giganci z przeszłości przestali istnieć ponieważ pokazali jak wiele obcej działalności znajdowało się na waszej planecie. Głównym planem było skłonienie ludzi do mordowania się nawzajem. Lud Quran odegrał tu znaczącą rolę. Wysocy kapłani Quran znają wiele sekretów Atlantydy. Tekst miał służyć reaktywacji duszy. Zamiast tego, Quran zatruli dusze przemocą.

Kontrolowanie myśli i działań prowadzące do przemocy, należą do drakońskich metod. Przemoc zatrzymuje Ziemię w trzecim wymiarze. Quran mieli stworzyć tekst pokoju. Galaktyczną biblię dla trzeciego wymiaru, która zjednoczy ludzkość. Zamiast tego głęboko ją podzieliła. Istnieje rodzinna energia otaczająca Quran. Energia ta została zatruta na wiele stuleci.

Omawiając dalej tematy religijne trzeba wspomnieć o papieżu, który jest słabą duszą. Czasem okazuje serce, ale zazwyczaj jest człowiekiem, który łatwo ulega manipulacji. Słaba dusza jest potrzebna do uczynienia ludzi podległymi.

Silny papież swoimi przemówieniami zniszczyłby Kościół Katolicki. Słabość jest potrzebna, nawet w domenie siły. Siła ta służy manipulacji Drakońskiej agendy.

Umysły Archonów są proste. Niech dobro zstąpi na Ziemię. Potem będziemy nim manipulować, odnajdziemy jego słabe punkty i zmienimy energię by służyła naszym wyższym celom.

Dlaczego Archoni mają tak wiele władzy na Ziemi? Dzieje się tak dlatego, że w starożytnych czasach ludzkość się poddała. Wojny w przeszłości były toczone przeciwko Archonom oraz, by pozbyć się powiązań obcych z waszą planetą.

Dlaczego tak wiele ludzi nie wierzy w obce siły wokół waszej planety? Słabość świadomości wytworzyła szeroko przyjmowany pogląd, że jesteście sami we wszechświecie.

Rozlew krwi w przeszłości nie dał ludzkości innego wyboru, niż poddanie się. Dusze, które zapewniały bezpieczeństwo na Ziemi, przestały istnieć. Zostały zniszczone i usunięte z planety. Ci, którzy dzisiaj chcą rozmawiać o obcych, walczyli na tamtej wojnie po waszej stronie.

Komfort przebywania w trzecim wymiarze - łatwe życie, na przykład wakacje dla dwojga na Bahamach, sprawiły że łatwo było zapomnieć o obecności obcych na waszej planecie.

W przeszłości na wojnach walczyli ze sobą ludzie i obcy. Historia upewniła się, że wiedza o nich została zapomniana.

Wojna manipulacji będzie trwać dopóki ludzkość się nie przebudzi. Gwiezdny świat nieustannie sięgał do waszego wymiaru. Łatwo o tym zapomnieć. Nie wydaje się niczym innym, niż fikcją, podczas, gdy planeta - więzienie nadal ignoruje energie wokół siebie.

Lud Quran był rozłamem ludzkości w piątym wymiarze. Ich religijne teksty zostały sporządzone by zniszczyć i zniewolić ludzkość. Gwałty i morderstwa na waszej planecie muszą zniknąć zanim udacie się do piątego wymiaru.

Miłość jest wszystkim.

Ivan Teller

Quran w innych światach

Zrozumcie! Inne światy mają wpływ na Ziemię: Wenus, Merkury, Saturn i inne światy w Układzie Słonecznym. Sekretne rządy o tym wiedzą. Odwiedzają te miejsca każdego dnia. Taka jest ich rzeczywistość, podczas, gdy ludzkość tkwi na jednej planecie. Elity sekretnie podróżują do innych światów i wymiarów. Uprowadzają dzieci i sprowadzają je do innych światów, najczęściej na Marsa. Technika jest bardzo prosta. Używają technologii i wiedzy by mówić wam, że robicie dobrze. Ludzkość ma pozostać zniewolona. To właściwa decyzja, dlatego zrobimy to, co do nas należy. Żyjcie w spokoju podczas, gdy słabi cierpią. Quran ukazują słabość skłóconej i walczącej ze sobą ludzkości. Ten sam sposób myślenia jest wykorzystywany przez elity, gdy Quran otwierają portale do innych światów. Używanie przemocy pozwala mrocznym bytom podróżować po waszym świecie bez przeszkód. Nowy system edukacji będzie mówił o duchowości w galaktycznej skali.

Na Syriuszu znajduje się świat o nazwie Bruce. Jest to świat elit, przynajmniej jeden z nich. Wcześniej były tu pustkowia lecz teraz jest to świat pełen życia. Raj czwartego wymiaru, w którym elity żyją w luksusie. Można nazwać to zakazanym terenem. Nazwa planety jest uproszczona dla łatwiejszego zrozumienia. Wyobraźcie sobie Rajski Ogród dla elit, z których wielu nie jest nawet rasy ludzkiej. Wyglądają jak koty lub smoki w ludzkiej powłoce. Nie zwą się jednak ludźmi. Ludzie-koty mogą zmieniać kolor jedną myślą. Zazwyczaj ta planeta pozostawiona jest w spokoju. Inni mieszkańcy Syriusza trzymają się na dystans. Nie jest też łatwo ją znaleźć, jako, że znajduje się blisko Syriusza C. By pozwolić wam lepiej zrozumieć elity Iluminatów, wielu z nich przybiera ludzkie formy, często ze zdeformowanymi twarzami i ciałami. Ich siły umysłu są wielkie. Ich wygląd zewnętrzny bywa okropny.

Opiszmy teraz elity marsjańskie. W przeszłości były prześladowane ze względu na wygląd. Jest to kolejnym powodem, dlaczego w przeszłości mnisi chowali swój wygląd pod kapturami. Słyszeliście kiedyś o potężnych mnichach? Elity są ukryte. Ich szaty zostały zaprojektowane by uczynić ich niewidzialnymi. W czasach starożytnej Atlantydy, Reptilianie naciskali na Atlantydów, by odwrócili się od Marsjan z powodu ich wyglądu. Wojny obcych na waszej planecie trwają nieustannie. Wasza mitologia jest znakiem powiązań z obcymi. Zdacie sobie z tego sprawę wraz z waszą reaktywacją. Na waszej planecie znajdują się miliardy dezaktywowanych ludzi.

Pieniądze Annunaki nękają świadomość by kontrolować myśli ludzkości. Pieniądze stały się orężem dzielącym wszystkich. Syryjska kreacja jest tylko podarunkiem.

Planeta Clear jest kolejnym światem z którym związani są Quran. Znajduje się głęboko wewnątrz Syriusza, w ukrytym układzie gwiezdnym zwanym zakazaną strefą. To planeta Annunaki, gdzie również można spotkać elity. Jest też planetą walki, podobną do Egiptu, pustynną, z architekturą w stylu egipskim. To planeta niewolników. Ludzie są tu sprowadzani do reprodukcji, nie mając nawet pojęcia o istnieniu Ziemi. Wielu pochodzących z planety Clear uległo reinkarnacji jako seksualni niewolnicy na waszej planecie. Są znani z dostarczania usług seksualnych, takich jak prostytucja. Prowadzą też kluby ze striptizem. Alfonsi mieszkali wcześniej jako Annunaki na planecie Clear. Znajduje się na niej wiele bogactw, w tym diamenty. Piękna planeta niewolników na pustyni. Dubaj, Kazachstan i Emiraty Arabskie są do niej bardzo podobne. Nie ma tam chorób. Gdy dusze inkarnują się na waszej planecie, często na nie zapadają. Przyjemność seksualna jest wielką zaletą planety Clear. Niestety nikt nie ma na niej żadnych praw. Porwania są codziennością. Jeśli będziecie walczyć, zginiecie. Bogate państwa arabskie są ściśle związane z planetą Clear. Portale i wiry również. Musicie być ostrożni. Wasze prawa nic tutaj nie znaczą. Gdy elity zechcą was pojmać, będziecie bez szans. Ci, którzy przyozdabiają się złotem, należą do potężnych. Gdy ktokolwiek inny nosi złoto, zostaje zniszczony. Ludzie są indoktrynowani do myślenia w konkretny sposób. Brzmi znajomo? Część z nich ma wszczepione mikro chipy. Nie istnieje system pieniężny, jedynie system kontroli. Przestrzegajcie zasad a nic wam nie będzie. Energia Lucyfera otacza planetę Clear.

Wielu obywateli waszej planety pochodzi w poprzednich wcieleniach z planety niewolników. Dusze wędrują z jednej niewolniczej planety, do drugiej ucząc się czegoś nowego. Gdy wibracje na świecie się zwiększają, odchodzą. Istnieją dusze, które nie rozwinęły się wystarczająco i potrzebują energii trzeciego wymiaru by urosnąć. Dlaczego ich wibracje są tak niskie? Ciekawość gęstego środowiska. Świat fizyczny może być uzależnieniem. Niektórzy inkarnują się w świecie fizycznym. To ich wybór. Zrobią wszystko by pozostać w fizycznym świecie.

Ziemia wzrasta do czwartego i piątego wymiaru, a nawet wyżej. Dzięki temu populacja ulegnie zmniejszeniu. Uczeni pozostaną na świecie do momentu osiągnięcia najwyższych wibracji. Uczeni są tymi, którzy asystują Ziemi w osiąganiu wysokich wibracji. Dlatego inkarnowali się na Ziemi. Droga do czwartego wymiaru nie będzie łatwa. Niewolnicy trzeciego wymiaru są przyzwyczajeni do zniewolenia. Uwolnienie z trzeciego wymiaru wydaje się dla nich niemożliwe. To jak utracenie tożsamości. W jaki sposób czwarty wymiar wpłynie na Ziemię? Otaczające energie zmienią się wraz z drogą życia.

To, jak żyjecie, ulegnie zmianie. Tak, jak każda nowa era wkracza w nowe pokolenia. To, co kiedyś było stare, zostanie zapomniane. Ludzie, którzy wcześniej chodzili, będą latać. Ziemscy ludzie o mniejszej gęstości nabędą cechy anielskie i telepatyczne. Energia będzie żarzyć się wokół was. Gwiezdne podróże będą dla wszystkich łatwiejsze. Uleczcie niewolniczą mentalność na waszej planecie. To, co obecnie nazywacie normalnością, wcale nią nie jest.

Saturn

Saturn jest zakazaną planetą, na której wciąż znajduje się cywilizacja. Jest również znany jako utracony świat. Istnieje tu życie w wyższych wymiarach. Wpływy Reptylian pojawiły się tutaj dawno temu.

Gdy spojrzycie na symbolikę Iluminatów, Saturn pojawi się w niej wielokrotnie. Utracony świat nie mógł podjąć decyzji którą stronę wybrać, uległ więc podziałowi. Podobnie, jak na Ziemi, jednak w wyższym wymiarze.

Dobre istoty nie są zawsze widoczne dla wszystkich obcych. Wyższy wymiar Saturna to zazwyczaj piąty wymiar. Niższe wibracje znajdują się w czwartym wymiarze. Nie znaczy to, że piąty wymiar nie może być infiltrowany przez istoty o niższych wibracjach.

Saturn brał udział w wojnie w kosmosie. Mars zazwyczaj cieszy się złą reputacją boga wojny. W tym channelingu chcemy wam powiedzieć, że Saturn jest o wiele gorszy. Większość istot z Saturna przybrała jedną z ludzkich form.

Wielu z nich jest kościstych, z pięcioma palcami i bez motywacji do przyjmowania pokarmu. Pokarm to energia oraz inne wibracje. Istnieją góry i źródła, w których wasza energia może zostać odnowiona. Istoty z Saturna pojawiają się jako istoty gazowe. Mogą jednak przybierać fizyczne formy jeśli zajdzie taka potrzeba.

Przenikają przez różne wymiary w swoich długodystansowych podróżach. W podróż zabiera ich pojedyncza myśl. Brakuje im jednak emocji. Znani są jako intensywne istoty światła i mroku.

Są obdarzone emocjami, jednak nie tak intensywnymi jak ludzie na Ziemi. Są bardziej bezpośrednie, czasami wrogie. Większość wymiarów przenika się nawzajem. Oznacza to, że są zawsze w ruchu. Nigdy nie są w tym samym miejscu.

Istoty z Saturna nie mają domów. Ich domem jest cała planeta.

Zaraz po tym, gdy powstała Ziemia, została zaatakowana przez Saturn. Można powiedzieć, że została uwięziona w obecnym Układzie Słonecznym. Architektura na Ziemi była wcześniej inna. Można powiedzieć, że Ziemia była placem zabaw, który każdy chciał mieć.

Istoty z Saturna mogą być gorsze od Archonów ponieważ Saturn jest bardziej destruktywny. Jeśli nie możemy czegoś mieć, zniszczymy to. Saturn zinfiltrował dobrych Reptylian chroniących Ziemię. Istoty z Saturna są znane z chciwości i mogą wyglądać demonicznie w trzecim wymiarze.

Energie Saturna można odnaleźć w Jinn. Jinn jest nowym bogiem na Ziemi, który pragnie być czczony. Zrozumienie mrocznych istot waszej planety pomoże wam uwolnić się od manipulacji.

Niższy plan astralny został sprowadzony i ukryty na powierzchni Ziemi w trzecim wymiarze. Horrory i negatywne myślenie go napędza. Złe uczynki go wzmacniają. W ten sposób pozostaje w trzecim wymiarze

Niższy plan astralny działa jak maska nałożona na ludzkość. Dzieci widzą te mroczne istoty zaraz po urodzeniu. Widzą też anioły. Mroczni aniołowie są mile widziani na powierzchni Ziemi. Władają tam ludzką świadomością.

Co więcej, Saturn jest kolejnym światem, na którym są Iluminaci. Jest planetą, którą zamieszkują. Nie kontrolują jej całej, jedynie jej część. Kolejny raz można zaobserwować podział między dobrem i złem na tym świecie. Nie udało się jeszcze uleczyć tego podziału na Saturnie. Ziemia go napędza.

Gdy Ziemia zostanie uleczona, to samo stanie się z Saturnem.

Saturn jest domem Szatana i założyciela Ziemi o podobnym wpływie do Marsa. Rządzi mężczyznami i kobietami na Ziemi. Podczas procesu rozwoju dziecka, matka i dziecko są przeklęte przez Saturna i Marsa. W przypadku innych obcych istot, sprawa wygląda jeszcze gorzej.

Saturn pragnie, by rozwój dziecka był tak trudny, jak to tylko możliwe. Nie wolno na Ziemi wkraczać na zakazane planety bo oznacza to również wtargnięcie w zakazany układ słoneczny. Zostaniecie za to oznaczeni, a nawet przeklęci.

Brama do piątego wymiaru

Przekleństwo jest mentalną klątwą. Mentalne potępienie pojawia się zarówno w dziecku, jak i matce. Można to uleczyć, lecz nie jest to łatwe. Oznacza depresję. Marsjanie chcą raz na zawsze pozbyć się kobiet ze swojej planety.

Kobiety zostały przeklęte za pozostanie na Ziemi. Plejadianie i Lyranie na to nie pozwolą. Syryjczycy w pewnym momencie zagrozili zniszczeniem Saturna. Po tym, gdy Ziemia została zmanipulowana przez Saturna, stało się to niemożliwe.

Gdy ludzie inkarnowali się na Ziemi, wiele dusz podróżowało przez Saturn. Jest jednym z punktów wejścia, jak wiele innych. Wiele zwodniczych istot, takich jak Aleister Crowley, czy sataniści, inkarnuje się przez Saturn. Rodzina Bushów jest kolejnym tego przykładem.

Martin Luther King Jr. I Elvis Presley inkarnowali się przez Saturna. Również Juliusz Cezar.

Istnieje wiele bram wejściowych na Ziemię, takich jak Agartha, Syriusz, Pleiades, Arcturus i Andromeda i inne. Znajdują się tam bramy wejściowe do planu astralnego otaczającego Ziemię.

Najszybszym sposobem na inkarnację na Ziemi jest niższy plan astralny.

W przeszłości Ziemia była Agarthą. Istoty żywiołów, takie jak elfy, wróżki i inne istoty z wyższych wymiarów tworzyły prawdziwą Ziemię. Żywiołaki z Syriusza i Pleiadianie zasiedlili planetę dużo wcześniej, przed manipulacjami.

Istoty te były zawsze dostrzegane przez istoty niższych wibracji, takie jak Reptylianie i Insektoidy. Co więcej, Ziemia została stworzona w innym, Szarym Wymiarze, który znajdował się w innym – Szarym Wszechświecie. Ziemia była w nim iskrą światła.

Wewczesnym okresie była spowita ciemnością. Szary Wymiar jest wszechświatem Archonów. Ziemia w tamtym czasie została od niego oddzielone. Od samego początku planeta była oblężona.

Nie była planetą Archonów.

Ivan Teller

Na powierzchni Ziemi odbyło się Wiele wojen. Życie obcych spowodowało nowe narodziny ziemskiej natury. Matka Ziemia jest naturą, istotą składającą się z drzew i planet. Ziemia zwana jest planetą nasion. Matka Ziemia jest więc istotą nasienną.

Może zamienić księżyc w planetę, czyniąc go siłą życia.

Życie na Saturnie

Iluminaci, Ci dobrzy i źli, żyją na Saturnie. To duchowy świat, który obserwuje wszystko. Operacje militarne odbywają się na Marsie. Jest też miejscem w gwiazdach najbardziej zapadającym w pamięć. Wszystkie planety w waszym Układzie Słonecznym istnieją też w innych wymiarach.

Istoty gazowe na Saturnie mogą być bardzo okrutne dla niechcianych gości. Można je zobaczyć w trzecim wymiarze. Nie jesteście tu mile widziani.

Dobrzy Iluminaci żyją w pokoju z Ziemią.

Posiadali anielską energię, żyjąc w świecie światła. Można powiedzieć, że częścią tej archanielskiej grupy byli Pleiadianie, Syryjczycy, Arcturianie, Lyranie oraz Andrediganie. To obca strona Iluminatów. Ludzkie życie bogate w lekcje jest obowiązkiem.

Chodzi przede wszystkim o inkarnowanie się wewnątrz piramidy Iluminatów i wybór jednej ze stron. Inkarnacja wewnątrz osi czasu Iluminatów, która różni się od ludzkiej, oznacza dołączenie do elit.

Iluminaci są ściśle powiązani z duchem. Nigdy nie opuszczają danego miejsca jeśli tego nie chcą.

Chcemy, byście wiedzieli, że są różne rodzaje Iluminatów. Istnieje trzeci, czwarty i piąty wymiar ich energii.

Trzeci wymiar to na przykład wasi Rotschildowie i Rockefellerzy. Lubią żyć w ukryciu i wszystkiemu zaprzeczać. Od czasu do czasu lubią dzielić się swoją władzą i wpływami, takimi jak światowa dominacja czy redukcja populacji.

Iluminaci rozpoczynają redukcję populacji. Świadomość zwiększa populację na niekontrolowaną skalę, krzyżując ich plany.

Ivan Teller

Iluminati czwartego wymiaru to Pleiadianie, Syryjczycy, Annunaki oraz wpływy Marsjańskie. W tych grupach żyją Ci dobrzy i źli. Są one bardzo małe. Porozumiewają się ze sobą wspólnie planując swoją strategię.

Wężowi Reptylianie znajdują się u szczytu piramidy. Węże nie są często uważane za agresywne. Jak zawsze, są te dobre i złe. Za każdym razem gdy widzicie węże w filmach i literaturze, ich obecność jest dostrzegalna.

Wnieśmy coś nowego w wasze badanie wyższych wymiarów. Źli Iluminaci przegrali okres Renesansu. Z czasem odzyskali kontrolę jednak moce ciemności straciły swoje wpływy. Zauważcie powrót greckiej wiedzy i technologii. Leonardo Da Vinci i jego wpływ był trzymany w tajemnicy ponieważ ludzie w jego czasach go nie rozumieli.

Leonardo Da Vinci był również w przeszłości greckim wynalazcą. Znajome energie pojawiły się po raz kolejny. Co więcej, Leonardo towarzyszył Juliuszowi Verne w gwiazdach, by łatwiej opanował technologie latania i podmorskiej żeglugi.

Teraz trochę o Iluminatach piątego wymiaru.

Animacje, które łączą się z planem astralnym służą ludzkości do przystosowania się do wyższych wymiarów. Gdy piąty i szósty wymiar się rozpoczną, wpłyną na waszą planetę w znaczący sposób. Wszechświat do was przemawia.

Piąty wymiar może łatwo wpływać na wojnę i pokój. Może zniszczyć waszą planetę bez wahania. Jest kilka powodów dlaczego wasza planeta nadal istnieje. Przede wszystkim dlatego, że ludzkość pragnie pokazać wszechświatu, że może urosnąć do wyższych wymiarów. Pragnie szansy, choć ma za sobą wiele porażek.

Tym razem nie przegracie.

Świadomość ludzka na Ziemi nie chce zostać unicestwiona. Ludzkość poprosiła o asystę obcych ponieważ nie jest łatwo rozwiązywać problemy wyższych wymiarów z trzeciego. Najważniejszą wiadomością jest to, że w ten sposób ratujecie siebie.
Niektórzy zajmujący się channelingiem uważają ludzi za głupich i mają rację. Wszystkie istoty o niskich wibracjach będące pod wpływem Archonów takie są.

Nie oznacza to, że nie wiecie co robić. Pomyślcie o negatywności jak o bufecie z pizzą.

Ludzkość zjada dużo pizzy. Popatrzcie na nią jak na wiedzę. Ludzkość nie może nasycić się wiedzą trzeciego wymiaru, wzywacie więc obcych by towarzyszyli wam w waszej podróży.

Czy jesteście dziećmi? I tak, i nie.

Ludzkość chłonie trzeci wymiar w zawrotnym tempie, prawie jak narkoman uzależniony od cracku, z nieograniczonym do niego dostępem. Potrzebujecie pomocy z waszym uzależnieniem. Jest dobre ale może wymknąć się spod kontroli.

W trzecim wymiarze ciężko przewidzieć kiedy należy przestać lub zwolnić by dostąpić przejścia do wyższych wymiarów.

Życie na Saturnie.

Energie Rotschildu pochodzą z Saturna. Wpływy i manipulacje idą ramię w ramię. Przez wieki manipulacje te nosiły wiele imion. Manipulacje Saturna zaczęły się od wpływowych rzymskich rodzin, trwając przez wieki.

Przybrały formę trzeciego wymiaru. Rzymscy Iluminaci nie są często wspominani. Iluminaci ze starożytnej Grecji zostali zniszczeni wraz ze zwiększeniem się wpływów Rzymu.

Wpływy Iluminatów rozpoczęły się w Atlantydzie.

Ich wpływy sięgnęły Babilonu, Suminarii, Egiptu, Grecji i Rzymu.

Iluminaci mają największe wpływy w Rzymie. Zauważcie lokalizację Watykanu. Możecie ich nazywać ludźmi bez imion. Mroczni magicy, którzy użyli swych wpływów by zniszczyć Merlina. Użyli go do stworzenia imperium, przeciwko któremu stanął do walki.

Władza Anglików mogła być większa. Merlin usunął ich wpływy a następnie się ukrył. Zniszczyło to wpływy Króla Artura. Artur został wymazany z historii z konkretnego powodu. Gdy jego historia została odkryta i zmanipulowana, zatoczyła swoje mroczne koło wokół królewskich rodzin.

Magia miała mieć wpływ na wasze życie publiczne. Zamiast tego została pogrzebana. Mroczny mag miał zostać królem waszej królewskiej rodziny. Na początku miał nim zostać Król Artur, był jednak zbyt słaby i pełny mroku.

Magia nadal istnieje w ukryciu. Artur należał do pozytywnych wpływów. Presja władzy była zbyt wielka. Wraz z nim załamało się całe imperium. Duchowe czarnoksięstwo miało trwać nadal przez wieki. Zamiast tego do dnia dzisiejszego znajduje się w ukryciu.

Iluminaci są na wszystkich planetach, również na waszej. Występują pod innymi nazwami. W rzeczywistości są oni architektami rzeczywistości.

Ludzkość łączy się z czasami początku, tworząc rzeczywistość. Architekci kładą fundamenty. Ludzkość wybiera, czy chce ich doświadczać, czy nie. Ci, którzy odrzucają ich program, zmieniają oś czasu lub przenoszą się do innego kraju lub miasta. Kolejną alternatywą jest czekanie na pojawienie się kolejnego wyjścia.

Osie czasu rzeczywistości zawsze się przesuwają. Dzieje się tak ponieważ chce tego większość. Saturn i inne światy dają im moc by kontynuowały swoje nauczanie. Odrzucone lekcje Saturna wykorzystywane są na Ziemi. Jeśli nie chcecie niewolnictwa, Ziemia je zaakceptuje.

Światy wysokich wibracji nie zaakceptują morderstw. Gdy Ziemia je zaakceptuje, ich ilość zwiększy się wielokrotnie. Zamiast kilku morderstw dziennie, będzie ich tysiące.

Archoni na Saturnie przybierają inną formę. Ze zmiennym skutkiem nękali Saturn i jego społeczeństwo swoimi terapiami. W przeszłości życie na Saturnie nie było łatwe. To, co zostało odrzucone, znalazło swój dom na Ziemi.

Struktura konfliktu z duszą uległa zmianie. Gdy inkarnujecie się na świecie, możecie drastycznie się zmienić. Życie wybierze swoje wyjście. W większości światów tego nie ma. Saturn z tym eksperymentował.

Powstało wystarczające napięcie by złamać duszę i odciągnąć ją od starych nawyków. Zmiana bardziej drastyczna niż większość planet. Ziemia wydaje się być idealnym miejscem dla takiej energii, dzięki swojej naturze, wytrzymałości i odporności na manipulacje.

By wszystko zadziałało, dusza musi odłączyć się od ducha. Saturn i Mars doświadczyły tych manipulacji, Są więc dla Ziemi idealnymi przewodnikami przez negatywną sferę.

Gdy dusze połączone z wyższymi wymiarami inkarnują się na Ziemi, odczuwają efekty negatywnej architektury bardziej niż ktokolwiek inny.

Gdy przeniesiecie się z czwartego wymiaru w trzeci, efekty przejścia będą trudne. Jeśli widzicie lub czujecie negatywne stworzenia niższego planu astralnego, przybyliście na Ziemię z wyższego wymiaru.

Stary świat Saturna jest społeczeństwem, które jest wolne. Jest surowym społeczeństwem. Tak jak Imperium Rzymskie, jedynie bez morderczego konfliktu z dyktatorem. Nie znaczy to, że życie jego obywateli nie było ciężkie.

Podczas, gdy „Wielki Brat" ma oko na każdego, chodzi głównie o wasz rozwój i o to, co możecie wnieść do społeczeństwa by je ulepszyć. Przykładowo, Arnold Schwarzenegger jest z Saturna. Zauważcie jak płodnym jest twórcą.

Tworząc obraz idealnego życia i sylwetki, byłby kandydatem na wielkiego przywódcę Saturna. Sam jednak nigdy nie ubiegał się o taką pozycję. Pozostały w nim jednak nauki Saturna. Na Ziemi widział wielkie możliwości. Zastosował techniki Saturna i wykorzystuje je do dzisiaj. W ten sposób działa jego oś czasu, którą nieustannie zmieniał. Zaplanował to zanim przybrał formę cielesną.

Ivan Teller

Obcy i Wniebowstąpienie

Nowa wersja Ziemi jest przed wami. Osie czasu przenoszą się do wyższych wymiarów. Kolejnym doświadczeniem będzie poznanie waszego wszechświata. Piąty wymiar jest tuż za rogiem. Połączenie się z nim jest bardzo proste. Pamiętajcie, życie jest snem.

Śniąc możecie robić wszystko. Użyjcie tego w trzecim wymiarze. Z czasem mechanika trzeciego wymiaru stanie się dla was jasna. Zobaczycie nawet waszych Iluminatów, którzy wiedzą to samo co wy. Obserwują was, jednak w inny sposób, niż myślicie.

Reptylianie są tutaj by zatrzymać was w matriksie starej mentalności. Wraz z oczyszczeniem się z negatywnych manipulacji, życie stanie się przejrzystsze. Będziecie w stanie dostrzec krawędź osi czasu, gdy w waszym życiu pojawi się nowa. Już teraz, gdy zmiany wiszą w powietrzu, możecie wyczuć te wibracje.

Nowe zmiany w odpowiednim czasie staną się faktem. Gdy wasze energie odejdą z trzeciego wymiaru, zobaczycie więcej.

Gdy wejdziecie w piąty wymiar, zrozumienie prawa przyciągania stanie się łatwiejsze. Wiedza będzie prostsza do przyswojenia. Poruszanie się między wymiarami będzie wymagało jedynie pojedynczej myśli.

Niektórzy mogą być zazdrośni o waszą umiejętność podróżowania. Niższy trzeci wymiar pełen jest ludzi, którzy nie chcą nowego. Sukces oznacza dla nich trzeci wymiar. Większość z nich nie chce go opuszczać. Znajdą każdą wymówkę by w nim pozostać.

Rozpocznie się wiek magii.

Dusze, które zechcą wnieść się do piątego wymiaru nadal będą się uczyć o swoich wyższych właściwościach. Będą nawet trenować inne, by przejść z czwartego, do

piątego wymiaru.
Czy jesteście bezinteresowni? Troszczycie się o innych? Gdy pieniądze nie będą waszą motywacją, wzniesiecie się szybciej.

Poruszając się między wymiarami stanie się łatwe, gdy się do tego przyzwyczaicie. Rok 2019 jest rokiem przebudzenia. 2020 jest rokiem Atlantydy. Ludzkość pozna siebie głębiej, dostrzeże też złożoność wirów wokół Ziemi. Zdajcie sobie sprawę, że niskie energie nie mogą więcej wam przeszkodzić.

Staniecie się wyjątkowi nawet dla Iluminatów. Oczywiście znajdą się wyjątki, gdzie lekcje będą trwały bez końca, jedna po drugiej. Niektórzy z tych ludzi odnajdą karmę zanim dostąpią wzniesienia.

Musicie zrozumieć jako galaktyczni ludzie, że trzeci wymiar was nie zrozumie. Manipulacje Archonów trzymają was w garści. Trzeci wymiar znajduje się na kole wzniesienia, do którego więcej nie należycie. Niektórzy będą pochodzić z czwartego wymiaru. Kontrolowani przez ego będą wam wmawiać, że sami jesteście pod jego kontrolą.

Piąty wymiar będzie się iskrzyć. Poczujecie się jak w domu. Pamiętajcie, będziecie chronieni. Niskie wibracje nie będą mogły ponownie się skomunikować w piątym wymiarze. Nie będą też w stanie was zobaczyć.

Zobaczycie na przykład Reptylian i Zeta przechodzących przez trzeci wymiar. Ziemia nigdy nie będzie wyglądać tak samo. Opuszczenie trzeciego wymiaru będzie niczym przewrócenie kartki w książce.

Będąc w piątym wymiarze będziecie wiedzieli, co czynić. Znajdziecie się w delikatnym procesie uczenia się i utrzymywania waszych wibracji na wysokim poziomie.

Gdy poczujecie, że przebywanie w trzecim wymiarze nie ma już podstaw, zaczniecie go w sobie zamykać. Może towarzyszyć temu mniej emocji. Każdy doświadcza tego w inny sposób. Poczujecie bezwarunkową miłość większą niż wasze dotychczasowe, trzecio-wymiarowe doświadczenia.

Obcy będą towarzyszyć wam w tym procesie. Być może poczujecie lub zobaczycie inne wersje siebie w innych wymiarach.

Ivan Teller

Kościół Iluminatów w Gwiazdach

Wraz z rozwojem ludzkości, napełni on Iluminatów energią, i sprawi, że przestaną istnieć na waszej planecie. Kontrola sieci wokół waszej planety pozwoli im się uleczyć. Iluminaci w rzeczywistości nie opuszczą jednak planety. Ich wpływy i kontrola umysłu będzie istnieć dopóki ludzkość się ich nie pozbędzie.

Elity chcą obserwować i wiedzieć, co się wydarzy. Chcą wzrastać razem z ludzkością, nawet po tysiącach lat przelewania krwi.

Są dwa rodzaje szczęścia: szczęście trzeciego wymiaru, któremu często towarzyszy materializm. Jest też szczęście czwartego wymiaru, gdzie świat fizyczny nie istnieje.

Połączenie się z wyższymi energiami pozwoli wam lepiej poznać wszechświat.

Punktem zwrotnym doświadczenia ludzkiego będzie połączenie się z wyższymi energiami. Wysokie wibracje są nareszcie dostrzegalne i wykorzystywane by wpłynąć w pozytywny sposób na waszego ducha. Dzięki nim możecie z łatwością zmieniać swoją rzeczywistość i przemieszczać się między wymiarami.

Ludzkość nie będzie chciała o tym słyszeć. Iluminaci trzymają was uwięzionych. Sanktuarium Iluminatów znajduje się w waszym miejscu. Część z was może czuć, że została z niego wypuszczona. Zobaczcie ludzi obserwujących rytuały Illuminati. Ten rytuał trwa i jest częścią tradycji trzeciego wymiaru.

Możecie wyzwolić się z umowy z Iluminatami. Im więcej w was miłości, tym lepiej. Im więcej w was gniewu i chęci oceniania, tym trudniej będzie się uwolnić. Prawie każdy znajduje się w iluzji trzeciego wymiaru Iluminatów. Matrix został przez nich stworzony lecz, jeśli będziecie życzliwi, łatwo się z niego uwolnicie,.
Tak, Iluminaci są odpowiedzialni za okropności na tej planecie. Mają jednak wiele

Brama do piątego wymiaru

wspólnego z jej jasnymi stronami.
Sanktuarium Iluminatów ma specyficzny wygląd. Pomyślcie o Kościele Katolickim z symboliką Iluminatów zamiast religijnych symboli. Spowite złotem wygląda pięknie. Ludzkość znajduje się w tym sanktuarium. Miliardy ludzi przebywa tam każdego dnia.

Iluminaci odprawiają rytuały przed kongregacją. Rytuał trwa przez cały dzień. Możecie przychodzić i odchodzić, jednak wszystkie dusze są związane z tym wymiarem. Istnieje kilka jego nazw. Wymiar zerowy jest wystarczająco łatwy do zrozumienia i zapamiętania. Kolejna nazwa, z której możecie skorzystać to wymiar Iluminatów.

Symbolika na tym świecie jest zdecydowanie inna. Ludzkość pozwala Iluminatom rozporządzać tą mocą. Jeśli prosicie się o tortury i gwałty, dostaniecie je. Dzieje się tak od tysięcy lat.

Przechodzą przez ten ból razem z wami. Niektórzy z waszych rodziców działają razem ze świadomością Iluminatów by sprowadzić ciemność do waszego świata.

Ciemność jest tutaj by dodać sił słabym. Muskuły ludzkości znajdują się tutaj, by się wzmocnić i odzyskać Ziemię, którą zbyt łatwo oddano. Atlantydzi byli bardzo potężni, jednak niewystarczająco. Oddali swoją moc i zamknęli czwarty wymiar na Ziemi by się wzmocnić.

Mentalność trzeciego wymiaru znajduje się w kościele Iluminatów oraz zasadach i warunkach Ziemi. Znajduje się tam ukryte królestwo, które niełatwo dostrzec. To prawdziwy świat. Czwarty wymiar jest miejscem, gdzie pracujecie nad uwolnieniem się od trzeciego.

Zastanawiacie się co znajduje się poza trzecim wymiarem? Czeka tam na was wasza nowa wersja, by zintegrować się z czwartym wymiarem. Światem pełnym różnych wymiarów. Nie każdemu jest przeznaczone je dostrzec. Przekleństwo trzeciego wymiaru jest nadal potrzebne do rozwoju duszy.
Wraz z zintegrowaniem się z czwartym wymiarem będziecie wiedzieli więcej niż dotychczas. Wiedza przyjdzie do was. Trzeci wymiar będzie niczym świat duchów. U części z was ten proces już się zaczął.

Ivan Teller

Połączenie się z duchem polega na pozwoleniu mu, by się unosił.

Wraz z dostrojeniem się, zobaczycie więcej.

Zamek Iluminatów w Gwiazdach

To właśnie Zamek Iluminatów. Tu przychodzicie ulepszyć wasze dusze. Zamek Iluminatów jest miejscem prawdziwego sprawdzianu dla duszy. Niektórzy łączą się z Iluminatami i zostają super-żołnierzami. Jest to jedno z miejsc, w których dusza może się inkarnować, by w znacznym stopniu się ulepszyć.

Ci z trzeciego wymiaru na początku w to nie uwierzą. Widzenie świata takim, jakim naprawdę jest to wyższa wiedza czwartego i piątego wymiaru. Połączcie się z czwartym wymiarem, a zobaczycie wszystko.

Królowie Atlantydy są w czwartym wymiarze. Ludzkość chce badań lecz wie, że ogromna ilość wiedzy została zniszczona. Gdy połączycie się z czwartym wymiarem, łatwo będzie wam przyswoić tę wiedzę.

O wiele większą niż nagrania Akashic.

Gdy świat będzie potrzebował waszej czwarto-wymiarowej energii, przejdziecie przez proces ulepszenia. Zjednoczycie się by zrobić kolejny krok. Wasza świadomość będzie jednością. Jesteście rodziną świata, która nie potrafi się porozumieć. Pewnego dnia się to zmieni.

Wojny na polu bitwy i w rodzinie są powiązane z zamkiem Iluminatów. Możecie ujrzeć Iluminatów jako ludzi-ptaki, niepodobnych do ludzi. Pozwólcie wiedzy płynąć gdy będziecie wznosić się do wyższych wymiarów.

By zostać królem lub królową Anglii trzeba przejść przez wiele prób w zamku Iluminatów. Na przykład inkarnować się w światach z którymi się nie zgadzacie, przed istnieniem Ziemi. Ziemia jest ostateczną nagrodą.

To wielkie osiągnięcie zostać wybranym na tak wysoką pozycję, jak król czy królowa. Jak myślicie, dlaczego królowa Elżbieta nadal trzyma się swojego stanowiska? Reptyliańscy władcy działają przez nią. Prawdopodobnie jest to jedyna i ostatnia szansa na pozostanie królową gdziekolwiek we wszechświecie.

W tym momencie Elżbieta dzierży kilkadziesiąt urzędów królowej w innych światach. Istnieje piętnaście żywotów, które te światy łączą.

Czy uwierzylibyście, że pozwolono by ponownie na coś takiego w przypadku królewskiego urzędu? Elżbieta jest królową planety-więzienia, kontrolowanej przez sekretne społeczeństwo pragnące utrzymać swoje wpływy.

Strach przed nieznanym. Vladimir Putin trochę boi się jej i tego, czego ukrywa. Strach nie jest właściwym słowem. W tym przypadku lepiej pasuje dyskomfort. Reptylianie wokół Putina nie są tak agresywne jak królowa Elżbieta.

Departament public relations obcych stara się ukazać królową w jak najlepszym świetle, mimo, że za zamkniętymi drzwiami jest zupełnie inną osobą.

Wraz ze zwiększeniem się ludzkiej świadomości, zobaczycie światy równoległe połączone z innymi planetami. Jednym z nich jest Londyn. O piramidach egipskich na Syriuszu. Ludzkość w przyszłości je aktywuje. Pojawią się dzieci gwiazd, które będą potrafiły to zrobić. Obce energie na waszej planecie ulegną zwiększeniu.

Nadejdzie pokolenie ludzi, którzy inkarnują się na Ziemi. Będą mieli energię czwartego i piątego wymiaru. Będą wiedzieć wszystko. Nadejdą by reaktywować planetę.

Gdy ludzkość zda sobie sprawę ze swojego galaktycznego pochodzenia, pojawią się podziały. Ludzkość przejdzie przez kulturowy szok, którego nie będzie w stanie przetrwać. Wraz ze zwiększeniem się energii czwartego wymiaru, rozpocznie się upadek trzeciego wymiaru.

Królowie przestaną być królami. Media przestaną mieć znaczenie. Będą tylko cieniem siebie samych. Wasi przyszli przodkowie przejdą przez piekło i oświecenie jak nikt inny. Usuwając element ludzki, jednocześnie przyswoicie DNA obcych. Przyszłe pokolenia będą inne niż ich poprzednicy. Historia zostanie wymazana przez korupcję. Wraz ze zwiększeniem energii nie będzie więcej potrzebna.

Brama do piątego wymiaru

Gdy piramidy staną się aktywne, czas mrocznych Iluminatów dobiegnie końca.

Czy w zamku Iluminatów toczy się walka? Tak, w rzeczy samej, jednak jest to konflikt energetyczny. W tym miejscu dusze mogą przechodzić z jasnej na mroczną stronę.

Zmieniają swoje osi czasu na Ziemi by być bardziej wrażliwe na pieniądze i władzę. Powodować uzależnienie od narkotyków i inne problemy, by dusze na Ziemi utraciły nad sobą kontrolę. Pokusy na Ziemi powodują zakłócenie czasoprzestrzeni.

Dusza w gwiazdach stara się pozostać dobrą, jednak, gdy człowiek na Ziemi, pozostający z nią w kontakcie, przechodzi na ciemną stronę, wpada w szarą przestrzeń. Przestrzeń manipulacji tworzącą zakłócenia.

Pamiętajcie, wasze gwiezdne ja pozostaje silne. Mimo ingerencji, dostosowuje się do ludzkich, ziemskich decyzji. Zanim wrócicie do ducha lekcje na Ziemi będą istotne. Jeśli zechcecie wrócić, musicie wiedzieć, że zmiany wynikające z przejścia na ciemną stronę trwają zazwyczaj siedem do ośmiu ludzkich żyć.

Wasze życie może zamienić się w życie mordercy i nie będziecie w stanie nic na to poradzić. Wasza reinkarnacja nastąpi razem z mroczną energią. Wielu Reptylian i innych istot o niskich wibracjach szerzy swoją działalność dzięki tej ciemności.

Niektóre dusze mają wkład poprzez swoje wibracje inkarnując się jako Archoni. Co ciekawe w przypadku Archonów, dusza może uwolnić się od zła łatwiej niż ludzkie wcielenie. Archoni mają całkowicie inny punkt widzenia niż jakichkolwiek inne obce istoty.

Zauważcie negatywny przekaz telewizji i inne negatywne przykłady. Możecie dzięki temu zobaczyć, że nie jesteście sami. Trudniej przez to uwolnić się od mrocznych pokus.
Obce istoty takie jak Pleiadianie i Arcturianie wykorzystują inne byty i ich słabości zajmując się mrocznymi praktykami, które w niczym wam nie pomogą.

Archoni zamieniają innych w mrok. Używają mrocznych mistrzów umysłowej manipulacji. Manipulują wszystkie istoty wciągając je do swojego kolektywu. Czego tak naprawdę się boicie? Archoni z pewnością to wykorzystają.

Nie widzą mroku w ten sam sposób co ludzie. Widzą go jako doświadczenie. Są pozbawionymi emocji naukowcami ciekawymi tego, co was motywuje i łamie.

Mogą replikować świat Arcturian tak długo, jak nie dostrzeżecie niespójności. Świat jest tylko projekcją i pułapką.

Chcecie przykładu? Spójrzcie na wasz wymiar.

Ujawnienie się obcych

Planety w waszym Układzie Słonecznym, Saturn, Uran, nawet Pluton zamieszkują istoty towarzyszące wam na Ziemi we wniebowstąpieniu. Istoty z Plutona nie zawsze były pomocne. Gdy ich świat został zniszczony, winili za to Ziemię.

Idealna utopia została zniszczona przez swoje kreacje. Eksperymenty bez zwracania uwagi na szczegóły doprowadziły do destrukcji planety.

Istoty z Plutona mogą być bardzo potężne psychicznie. Używając swoich umysłów mogą spowodować u was psychiczny ból. Wspominamy o tym ponieważ ich ujawnienie się jest bardzo bliskie. Przedział czasowy na to wydarzenie może jednak nie nadejść tak szybko, jak byście sobie tego życzyli. W innych osiach czasu ma to już miejsce. Obce istoty ujawniają się w kolejnych światach. Światy te nie były daleko w kolejce od Ziemi.

Wiedza to moc. Ta moc zbliży was do czwartego wymiaru. Świadomość Ziemi jest w trzecim wymiarze lub niżej. Wszystko zależy od kontroli umysłu na jaką człowiek pozwoli w swoim polu energetycznym.

To prawda, że trzeba zaledwie kilku by ujawnienie obcych stało się faktem. Otworzy to drogę do wyższych wymiarów.

Energie piątego wymiaru zsynchronizują się z wibracjami obcych. Nowe energie zostaną sprowadzone na Ziemię. Zbudują warstwy nowych energii, które skonsumują Ziemię. Kontakty między obcymi i ludźmi zacieśnią się.

Warstwa między trzecim i czwartym wymiarem ulegnie zatarciu. Gdy ludzie przestaną myśleć, że są sami, wibracje się zwiększą. Pragnienie nawiązania kontaktu między ludźmi i obcymi jest coraz większe.

Właściwy okres czasu dla tego zdarzenia ciągle się zmienia. Gdy o tym myślicie i tego pragniecie, wibracje się wzmacniają. Teraz otrzymacie informacje jak poradzić sobie w przypadku takiego kontaktu. Obserwacje nieba staną się dokładniejsze wraz z rosnąca liczbą ludzi pragnących kontaktu. Zrozumiecie też z kim nawiązujecie kontakt.

Myśl o kontakcie z obcymi jest czymś, do czego w tym pokoleniu jeszcze nie doszło. Czas zmienić sposób myślenia. Nadszedł dobry moment na kontakt. Pozwólcie energii połączyć się z wami. Rozszerzcie wasze możliwości kontaktu z waszymi przewodnikami. Otwórzcie świat marzeń waszej wyobraźni.

Świat marzeń jest światem w gwiazdach. To świat obcych.

Kontakt z obcymi został już nawiązany. Każdy ma kontakt ze światem obcych. Sprowadzenie tych wibracji do świata fizycznego i niematerialnego jest kierunkiem, który obraliście.

Oś czasu powiązań z obcymi jest coraz bliżej.

Problem w tym, kto ma nawiązać kontakt. Kim są ci obcy? Czy to Pleiadianie, Syryjczycy, Zeta Grey, Yayhel, czy Reptylianie? Odpowiedź brzmi: to wszyscy z nich. Pierwszy kontakt przyniesie zmiany w energii i świadomości. Kolejny, gruntownie odmieni Ziemię.

Wrzesień 2018 jest zaledwie początkiem nowego etapu na Ziemi. Świadomość obcych ulegnie zwiększeniu wraz z upływem lat. Pojawi się więcej informacji, które pomogą wam zrozumieć z kim się łączycie. Wielu z was połączy się z wszystkimi rodzajami istot.

Kolejnym krokiem będzie uznanie siebie za obcą istotę - dostrzeżenie swojego obcego pochodzenia. Wielu z was jest powiązanych z obcymi, o których wcześniej nie słyszeliście.

Spójrzcie w lustro. W waszym odbiciu dostrzeżecie istotę typu Blue Avian lub goryla. Wkroczenie do piątego wymiaru nastąpi stopniowo. Gdy trzeci wymiar przestanie istnieć, dotrze do was więcej wiedzy z waszych atlantyckich korzeni.

Wyłoni się nowy strumień świadomości.

Wielu z was wejdzie w stan wyższej świadomości. Nie będzie w nim żadnej dramaturgii, jedynie bezwarunkowa miłość. Będzie ona źródłem konfliktu, jednak jedynie ze sposobem myślenia trzeciego wymiaru.

Ludzie w trzecim wymiarze chowają głowy w piasek wiedząc, co ich czeka. Wywoływanie konfliktów jest wszystkim co potrafią. To upojenie trzecim wymiarem. Wraz z powolnym rozwojem waszego społeczeństwa, zmiany nie spodobają się tym, którym odpowiadał poprzedni stan rzeczy.

Wewnętrzna moc zacznie się jednoczyć. Nadejdzie duchowe ulepszenie. Po raz pierwszy poczujecie wasze czakry. Obudzą się do życia bardziej, niż kiedykolwiek wcześniej. Poczujcie ich obrót, gdy wasze myśli przenikną wasze umysły. Ich energię i ruch w waszych ciałach.

Jeśli już czujecie, że znajdujecie się w dwóch światach, to uczucie będzie intensywniejsze.

Dźwięki i przedmioty wokół was będą wydawać się inne wraz z przemieszczaniem się masy. Czy kiedykolwiek przemówiło do was krzesło? Czy kiedykolwiek rozmawialiście z niebem?

Wielu z was będzie doświadczać różnych fenomenów. To wszystko będzie częścią waszego przebudzenia.

Agendy Saturna i Marsa staną się bardziej przejrzyste. Iluminaci będą łatwiejsi do zrozumienia. Strach przed nieznanym przeniesie się do innego wymiaru. Pozbędziecie się strachu jeśli poradzicie sobie z przejściem z jednego świata, w drugi.

Pragniecie ujawnienia? Uleczcie ból starego świata oraz podziały między ludźmi. Zrozumienie obecności obcych jest też źródłem podziałów ze względu na systemy wierzeń. Nie wszyscy muszą się zgadzać. Opinie zawsze będą się różnić.

Nadejdzie uzdrowienie osi czasu trzeciego wymiaru - przemocy zapoczątkowanej przez agendę Archonów. Próbą czasu będzie wzniesienie się ponad manipulacje.

Zanikanie przemocy na waszej planecie ukaże nadejście wyższych wymiarów. Połączycie się z anomaliami pogodowymi i uzdrawiającymi mocami natury, takimi jak osłabienie siły huraganu, przedłużenie dnia o kilka godzin, połączenie z matką ziemią w codziennych opadach deszczu. Dla niektórych ludzi celem życia stanie się kontakt z naturą, nie tylko na ich terenie - na całym świecie - czując energie Szwajcarii lub Holandii.

Waszą pracą będzie kontakt z Ziemią, odnajdywanie w sobie pokoju, podnoszenie wibracji Ziemi poprzez naturę, zmian kolorów drzew i traw, oczyszczanie planety wysokimi wibracjami wraz z przeniesieniem ludzkości na nową Ziemię.

Jak rozpocząć ten proces? Rozpoznajcie w nim obcych.

Wprowadzenie do obcych gatunków

Podczas, gdy ludzkość przechodzi przez ulepszenie wibracji, wiele rzeczy ulegnie zmianom, takich jak zrozumienie ras obcych na waszej planecie czy zdanie sobie sprawy z przepływu informacji przez channeling. Wiadomość tego typu łączy się z wszechświatem i otwiera niebiosa Ziemi na nowe życie. Duża część waszej Biblii powstała dzięki channelingowi.

Krzepiące wieści i zmiany w waszych wibracjach są potrzebne. Nowe wieści dla waszej planety są potrzebne do ulepszenia waszej drogi życia.

W tym segmencie połączymy się z Alpha Centauri. Ten układ gwiezdny towarzyszy Ziemi lecz niewiele o nim wiadomo.

Najważniejsze wydarzenia na waszej planecie powodują również ponowne wejście obcych do waszego świata. Świadomość ludzka na to pozwala wraz z każdym wydarzeniem. Ważne wydarzenia dzieją się nieustannie w różnych miejscach na Ziemi, na przestrzeni jej dziejów. Oznacza to wiele obcych istot powiązanych z waszą rzeczywistością.

Nawet z kontraktem w trzecim wymiarze przeszliście przez tysiące lat integracji. Budzicie się na Ziemi każdego dnia nie zdając sobie sprawy jak skomplikowana jest rzeczywistość trzeciego wymiaru.

Kilka energii matriksu jest potrzebnych w waszym świecie. Są więc dodawane lub wymieniane gdy zajdzie taka potrzeba. Wraz z nadejściem nowej epoki, w matriksie zajdą zmiany. Dokonują się one w każdej sekundzie. Wasza przyszłość jest zaplanowana zanim się narodzicie. Pomyślcie o tym jak o systemie autostrad - skomplikowana mapa dróg, którą macie zamiar przebyć samochodem. Pojazdem o wolnej woli do podejmowania decyzji. Są jednak momenty, kiedy nie możecie po prostu zejść z drogi życia. Gdy życie staje się trudne, ciężko poradzić sobie z jego trudnościami, prawda? Dominuje uczucie, że problemy nigdy się nie skończą.

Gdy żyjecie w trudnej rzeczywistości, oś czasu wydłuża się w nieskończoność. To najważniejszy czas, w którym dusza rozszerza się dzięki nieskończonej ilości informacji. Jeśli odważycie się na nią spojrzeć, dusza może nabrać złotego koloru,.

Złota energia na odpowiednim poziomie otwiera połączenia ze światem duchowym. Podczas walki z trzecim wymiarem, istoty wyższych wymiarów są tutaj by się z nimi połączyć. Trudna rzeczywistość otwiera was na wyższe istoty. Potrzebujecie każdej pomocy, jaką możecie otrzymać.

Łatwe życie nie sprzyja rozwojowi duszy.

Im trudniejsza rzeczywistość, tym większe ryzyko. Nie ma innego wyboru. Życie staje się też bardziej skomplikowane. Podczas tumultu nie zawsze łatwo się połączyć. Podczas trudnego procesu rozwoju duszy, nie zawsze jest łatwo połączyć się z energią wyższych wibracji.

Z każdym człowiekiem, podczas jednego wcielenia, połączonych jest ponad tysiąc obcych istot. W trzecim wymiarze ciężko to sobie wyobrazić. W wyższych wymiarach nabiera to sensu. Pomyślcie o sobie jako statku zmierzającym przez morze. Potrzebujecie każdej pomocy, jaką możecie otrzymać.

Wasze wyższe ja jest kapitanem, a członkowie załogi waszymi przewodnikami. Dla części z was głównym przewodnikiem jest wasze wyższe ja.

Główny przewodnik duchowy jest jak szef restauracji upewniający się, że wszystko działa jak powinno. Ciężkie próby służą upewnieniu się, że sobie poradzicie.

Z tak wielu przewodników większość to obce istoty. Zamknijcie oczy. Co widzicie? system wierzeń może utrudnić wam dostrzeżenie przewodników. Ludzie czują się niegodni. Każdy jest godny.

Nie każdy jest gotowy dostrzec duchowego przewodnika. Niektórzy z najpotężniejszych przewodników to insekty. Gdy wstąpicie w mrok waszych czasów, insekt-przewodnik będzie z wami.

Powiedzmy więcej o obcych z Aplha Centauri. Znaleźli się na Ziemi by upewnić się, że ludzkość nie zniszczy innych planet. Świadomość Iluminatów chce pozbyć się obcych towarzyszących ludzkości. Wojny galaktyczne w channelingu są często spotykane.

Środki masowego przekazu są zmanipulowane ponieważ obcy tracą kontrolę nad ludzkimi umysłami. W swojej narracji używają argumentu strachu. Ci, którzy przebywają w trzecim wymiarze tego nie zauważają. Myślą, że wszystko jest w porządku. To ci sami ludzie, którzy sądzą, że jesteście sami we wszechświecie.

Przemyślcie to.

Ivan Teller

Nosorożec z Syriusza

Zdajcie sobie sprawę, że nosorożce żyją w wielu układach gwiezdnych. Syriusz jest związany z Ziemią. Jego energia została sprowadzona do waszego świata. To obca rasa wojenna o pokojowych wibracjach. Przez miliony lat walczyła o dominację z psimi rasami.

Nosorożce pokonali Reptylian nieskończoną ilość razy.

Odnaleźli pokój między rasami. Nie było to jednak łatwe. Są potomkami rasy smoków. Nie noszą już w sobie reptyliańskiego DNA. Smok jest częścią ewolucji ich duszy. Jest nią również przechodzenie między wymiarami i budzenie zapomnianych światów oraz towarzyszenie im z odnalezieniu nowego życia.

Tak jak wy, zawsze uważali się za jedyną formę życia we wszechświecie. Wraz z dojrzewaniem wszystkie obce rasy ewoluują z bycia tymi jedynymi, przechodząc przez wojny z małpami oraz destrukcję wielu reptyliańskich planet.

Ich historia to miliony lat wojen w tym wszechświecie. Zniszczenie planet jest odczuwalne w waszym świecie ponieważ ziemskie konie były jednymi z wielu uchodźców. Macie problem z Reptylianami? Wezwijcie nosorożce.

Słonie i nosorożce dzielą wspólne DNA. Mają wiele podobieństw. Przez długi czas, nosorożce chroniły słonie przed Reptylianami i Insektoidami. Gdy słonie zostały pokojową rasą, przestały akceptować wojnę.

Wiele obcych gatunków uznało to za słabość i wykorzystała tę bezbronność.

Nosorożce przybyły na waszą planetę by uczyć się i poszerzać własną świadomość. Większość z nich ewoluowało poprzez emocje. Ewoluowały również namiętności. Wraz z powrotem do namiętności, nosorożce ponownie zaczęły dominować nad innymi gatunkami.

Nosorożce są podobne do Reptylian. Demonstrują siłę i dominują nad innymi rasami.

Ten sposób myślenia należy do przeszłości. Gdy Nosorożce połączyły się z doświadczeniem ludzi na Ziemi, ich cywilizacja uległa zmianie. Każdy gatunek przybywa tutaj by zmieniać się na lepsze, zawrzeć pokój z Insektoidami i przetrwać ich kontrolę umysłu.

Prostota jest cechą ich gatunku. Zauważcie jak skomplikowany jest wasz świat. Im prościej go postrzegacie, tym mniej w nim zła. Dzięki prostocie dostąpi oświecenia.

Ich światy podobne są do waszego trzeciego wymiaru. Może są trochę bardziej prymitywni ale mają pojazdy i praktyki barterowe.

Jednym z powodów dlaczego przybyli na Ziemię była ochrona ludzkości przed Reptylianami i archońskimi manipulacjami. Rasa ludzka, która nie zna siebie tak dobrze, potrzebuje kogoś, kto mógłby się nią zaopiekować.

Nosorożce zazwyczaj pojawiają się razem z ludźmi na posiedzeniach rządu obcych. Zazwyczaj nie zabierają głosu lecz ich obecność jest dostrzegalna. Iluminaci wywierają nacisk na wzrost ludzkości. Nosorożce są tutaj by dać wam odrobinę wytchnienia.

Są też tutaj by wyprowadzić ludzkość z wojen i sprawić, że staną się pokojową rasą. Jesteśmy tutaj by towarzyszyć wam w waszym wznoszeniu. Możecie uważać nas za waszą rodzinę.

W tym czasie Nosorożce czuwają nad ziemskimi oceanami. Portale w oceanach są używane do manipulowania ludzkością. Nieproszeni goście podróżują przez regiony Atlantyku i Oceanu Spokojnego.

Tym razem Antarktyda ma jednak swoich obrońców.

Ivan Teller

Gnomy

Gnomy są twórcami Agarthy. Gnomi magicy pochodzą z dwunastego wymiaru. Tak, wyższe wymiary rzeczywiście istnieją. Agartha, zwana też waszym śródziemiem, pochodzi z innego układu gwiezdnego, który znajduje się na Syriuszu.

Agartha jest kolebką waszej planety. Tworzenie się waszego świata i jego naturalnego środowiska również pochodzi z Agarthy. Ziemia jest połączona z kilkoma wszechświatami, tak, jak każda żywa istota na waszej planecie. Agartha zajęła się Ziemią już w trakcie jej tworzenia.

Gnomy są z innego układu gwiezdnego we wszechświecie, przeciwnym do waszego. Widzieli najwyższe światło i najciemniejszy mrok. W innych światach są wysocy. Na waszej planecie są w większości niscy.

Towarzyszyli w procesie tworzenia rasy ludzkiej. Ludzie zostali stworzeni na długo przed połączeniem się Lyran z ich energiami. Channeling ludzkich wibracji do waszego wszechświata był dla Lyran fascynującym doświadczeniem.

Każda rasa obcych otrzymuje pomoc w procesie ewolucji. Zastanawialiście się kiedyś, jak istota z dwunastego wymiaru może stać się fizyczną istotą w trzecim wymiarze? Przyczyniły się do tego tryliony lat ewolucji i pragnienie duszy do dalszej eksploracji.

Ucieczka do trzeciego wymiaru nie była łatwa. Gnomy były jednymi z pierwszych istot, którym się to udało. W tamtym czasie nie miały jeszcze formy fizycznej. Reinkarnacja przenosi doświadczenie do niższych wymiarów.

Bez reinkarnacji nie mogłoby się to zdarzyć.

Może być nazywana ucieczką. Wymiary zostały stworzone do chronienia trzeciego wymiaru w przypadku katastrofy. Wasza rzeczywistość może z łatwością się załamać i spowodować depresję. Depresja kliniczna jest spowodowana ingerencją między wymiarami.

Zjawiska pogodowe również mogą być rezultatem zakłóceń w wymiarach.

Gnomy nie zawsze były ludźmi. Przystosowały się gdy Ziemia stała się możliwa do zamieszkania. W innych wymiarach i wszechświatach przybierały formy humanoidalne. Wielu z nich przypominało pomniki. Słyszeliście kiedyś o ruchomych pomnikach?

Wielu z wczesnych czarnoksiężników było gnomami. Starożytne gnomy są powiązane z rasą Nordic Tall Blonde Aliens. Wiele gnomów inkarnowało się jako pierwsi ze starożytnych Atlantydów.

Z magią gnomów można się połączyć. Ludzkość jest gatunkiem zagubionym przez manipulacje. Przyzwanie wyższych wymiarów zniszczy bariery na Ziemi. Uznajcie wewnętrzną moc. Każdy jest czarodziejem. Wielu nie jest gotowych na taką odpowiedzialność.

Pomyślcie o społeczności czarodziejów. Gnomie wibracje żyją w drzewach i naturze. Poproście by do was przyszły. By się z wami przywitały. Są skore do zabawy i przenoszą organiczną mądrość, która żyje przez stulecia.

Ci, którzy znają duchowość zazwyczaj mają w sobie gnomie wibracje.

Ivan Teller

Goryle z innego wszechświata

Goryle lub małpy pochodzą z innego wszechświata. Gdy gatunki te ewoluowały, inne obce istoty dostroiły się do ich struktury. Nie zawsze było to dobre połączenie. Światy, a nawet wszechświaty zostały zniszczone przez niewłaściwe stosowanie ich genetyki.

Goryle są wysoko rozwiniętym obcym gatunkiem, który zazwyczaj trzyma się z daleka od obcych. Przez miliony lat walczyły z rasą orłów Carian. Goryle wywoływały trzęsienia ziemi, używały też innych technologii by spowodować pęknięcia planety. Celowali w jądro planety.

Usunięcie planety z Układu Słonecznego nigdy nie było trudne. Gdy gatunek ten wyewoluował, połączył się ze wszystkimi układami słonecznymi oraz większością z nich w waszym wszechświecie. W niektórych miejscach Goryle nie są więcej mile widziani.

Wraz ze stworzeniem dzikich Reptylian, Goryle były bardzo blisko spowodowania wyginięcia Reptylian. Wojna pomiędzy Reptylianami a Gorylami trwa nadal. Ludzkość ewoluuje na Ziemi razem z małpimi Reptylianami. Nie słyszano o tym by istniał człowiek z reptyliańskim mózgiem.

Starożytne walki z kotami utworzyły relacje z Gorylami. Użyto ich DNA w ludzkich projektach genetycznych. Gdy ludzie zdali sobie sprawę, że sami nie pokonają kotów, zawarto sojusz z Gorylami.

Koty dostosowały się do DNA Gorylów, gdy te stały się bardziej humanoidalne. Na początku Goryle uważały ten ruch za nielegalny. Z każdą wojną DNA Goryli rozprzestrzeniało się po wszechświecie. Było to szansą dla rasy Carian by zmienić swój wygląd na humanoidalny.

Nie wszystkie obce rasy żyją w pokoju. To część ewolucji. Proces tworzenia się Ziemi był pełen niedoskonałości. Małpa jest protektorem Ziemi. Siejemy ziarno i ich zniszczymy. Ziemia jest potrzebna do rozwoju wielu obcych gatunków. Czy tego chcecie, czy nie, ludzkość jest dla nich polem do nauki.

Im więcej wiecie, tym łatwiej wam zrozumieć, że obce gatunki zapełniają waszą planetę. Mistrzami są ziemscy ludzie. Są tutaj by przenieść wszechświat w nową fazę życia.

Małpy, podobnie do ludzi nie zawsze żyją ze sobą w zgodzie. Małpa połączona ze sztuczną inteligencją może siać spustoszenie. Tak też się stało. Tak, to my stoimy za Greyami. Jak myślicie, skąd pochodzi ich forma? Zawsze będą różne opinie.

Tak prezentuje się wasz proces stopniowania wraz z ewolucją z trzeciego wymiaru.

Małpy rządziły światami kotów. Zasiedliły dwa światy a następnie je zniszczyły przez różnice zdań. Są o wiele bardziej zaawansowane w taktyce militarnej niż Marsjanie. Te bardziej uduchowione są zazwyczaj różnych kolorów: fioletowe, zielone, żółte etc.

Rodzą się zazwyczaj w kolorze odzwierciedlającym ich wibracje. Arcturianie towarzyszyli małpom w ich ewolucji do duchowego zrozumienia.

Jak wiecie, ludzkość jest nadal tylko dzieckiem, jednak my, obcy, możemy wiele się od was nauczyć. Tak, wciąż jesteście młodą rasą na Ziemi. Jest jeszcze tak wiele rzeczy, których o sobie nie wiecie. Gdy dusza przebudzi się do pełnego zrozumienia, wiedza wszechświata nadejdzie z łatwością.

Małpy, psy i koty ewoluowały w wystarczający sposób, by towarzyszyć wam w waszym dorastaniu. Można powiedzieć, że wszystko już widzieliśmy. Wasz świat przyniósł nowe wyzwania. Jak rodzic rozkładający ręce w panice, czasami nie wiemy co robić. Szukamy pomocy. Z tego powodu Carianie i inne obce gatunki zasiedliły waszą planetę.

Obcy nie mają odpowiedzi na wszystkie pytania.

Ivan Teller

Nasze światy zostały zniszczone przez separację. Nie zgadzaliśmy się ze sobą, co doprowadziło do nie kończącej się wojny. Nasze źródła zostały zniszczone. Teraz w waszych rządach znajdują się ludzie o tych samych cechach, które zapoczątkowały wojny w naszym świecie.

Nasz rozłam spowodowany był naszym stylem życia. Wraz z wyczerpywaniem się naszych źródeł, chcieliśmy użyć szybkiej taktyki by rozwiązać problem. Spójrzcie na waszą sieć energetyczną. Niektórzy chcieli odnowić zasoby energetyczne budując nowe instalacje. Inni nie zgodzili się z tymi pomysłami. Chcieli szybszego rozwiązania, postawili więc na szybkie naprawy, które kosztowały wiele ofiar.

Z czasem wybuchła wojna. Gdy się zaczęła, nie było widać jej końca.

Zazwyczaj trzymamy nasze prymitywne formy życia na łonie natury. Używamy ciekłokrystalicznych materiałów jako źródeł energii do oświetlania nieba wysokimi wibracjami. W wyższych wymiarach, w odróżnieniu od waszego świata, konflikty nie istnieją.

Zbieramy informacje którymi dzielą się inne światy, takie jak odzież Insektoidów i technologie, sprowadzając je do naszej kultury. Wymiana pomaga w naszej ewolucji. Rozwijamy nowe gatunki. To trochę podobne do produkcji nowych samochodów.

Robimy to jednak w bardziej wyszukany sposób, nie zapominając o miłości. Gdy nasza ewolucja zwalnia, tworzymy. Uczymy się od innych obcych istot. Przez połączenie żab i kotów tworzymy nowy gatunek.

W nowym gatunku wzrastamy i zbliżamy się do wyższych wymiarów. Część z naszych kreacji zwiększa naszą karmę, na dobre i na złe. Obce gatunki pojawiają się i znikają.

Małpy będą żyły wiecznie.

Rozszczepienie DNA może spustoszyć obce gatunki. Przy tak wielu różnych gatunkach, połączenie się z jednym z nich może spowodować wstrząsy we wszechświecie. Z tak wieloma szczepami DNA pochodzącymi z różnych obcych gatunków, sprawność umysłowa może być fatalna.

Brama do piątego wymiaru

Reptylianie przechodzą przez ten proces nieustannie - zbyt wielu obcych w jednym obcym gatunku. Reptylianin połączony z Arcturianem i kotem może stać się mentalnie poplątany. Reptylianie i małpy zbliżyły się do procesu kreacji Annunaki.

Nigdy nie jest tak samo jednak oba gatunki zbliżyły się do siebie. DNA Annunaki jest lepszej jakości niż małp i Reptylian. To trochę jak w przypadku słynnego szefa kuchni. Każdy szef kuchni ma w zanadrzu specjalność zakładu, której nikt nie może dorównać.

Na dłuższą metę chodzi o punkt widzenia. Małpy są znane z tworzenia gatunków bogatych w futro lub o humanoidalnej figurze. Reptylianie znani są ze skóry podobnej do węża oraz szorstkiej powłoki. Orangutany są popularnymi liderami małpich społeczeństw. Są uważane za wyznacznik wiedzy i nigdy nie są ignorowane.

Orangutany nie są znane z zapędów wojennych. Bardziej z prowadzenia prostego i dostatniego życia. Handel odbywa się głównie z obcymi rasami. Obcy pomagają sobie nawzajem. rezultaty tej współpracy są zazwyczaj bardzo dobre. Czasem jednak ta współpraca nie działa najlepiej, jak w przypadku wymiany walut w waszym świecie.

Pieniądze w duchowym społeczeństwie są źle postrzegane ponieważ obce istoty, które inkarnują się na Ziemi, nie chcą mieć z nimi nic wspólnego. Są postrzegane jako zło konieczne.

Są też kolejnym sposobem wymiany energii. Mają wiele wspólnego z energią okultystyczną lecz są obecnie potrzebne do przetrwania.

Rozwój duchowy na Ziemi nigdy nie był łatwy. W wielu przypadkach jest przegraną sprawą.

Bycie istotą z czwartego wymiaru jest łatwiejsze niż człowiekiem w wymiarze trzecim. Odradzając się z popiołów manipulacji nie jest prostą sprawą.

Ludzkość na Ziemi zaciągnęła dług karmiczny od innych obcych ras, takich jak świnie.

Małpy zostały porwane a ich DNA zostało zmienione. Pozbawiono ich sierści, została tylko skóra. Świnie robią to by znaczyć swoje terytorium. Walka między małpami a świniami trwa od początku wszechświata.

Można powiedzieć, że ludzie pokazują świniom gdzie ich miejsce, zjadając je. To bardzo rzadkie żeby człowiek zjadł małpę. Zjadanie świń jest jednak przyjęte za normalne.

Obecne małpy inkarnowały się jako ludzie w waszym świecie pod postacią zapaśników. Wspinacze górscy mają dużo małpiego DNA. Naukowcy czerpiący przyjemność z przebywania w dżungli mają wiele małpich powiązań. Wspominani wcześniej słynni szefowie kuchni są również znani ze splątanego DNA.

Obcy w wyższym zagęszczeniu zazwyczaj nie gotują innych gatunków. Te, które przyzwyczajone są do łączenia DNA wybierają gotowanie lub dziewiarstwo jako kolejną formę tworzenia.

Świat boryka się z przeładowaniem informacjami. Za wiele informacji może spowolnić świat w procesie zrozumienia i wznoszenia się. Małpy są widoczne w waszym świecie. Ubierają się prymitywnie, jak w staromodnych westernach. Wolą proste życie.

Na starym zachodzie nie było łatwo. Patrzycie jednak na świat małp. Co więcej, niektóre z nich będą przechadzać się koło was w kowbojskich kapeluszach. Małpy znane są z noszenia broni jednak w waszym świecie są rzadko uzbrojone.

Pomyślcie o starym kosmicznym westernie a znajdziecie połączenie z małpami.

Świnie

Jednym z miejsc, z którego pochodzą świnie jest Alpha Centauri. Świnie pochodzą z wielu różnych miejsc. Zablokowały ziemskie energie. Zasiedlały planety, które same się unicestwiały przez brak miłości.

Świnie tworzą a następnie się przenoszą. Wiele obcych ras nie potrafi zrozumieć świń i ich stylu życia. Przez większość czasu nie wiedzą nawet czego chcą. Zastanawialiście się czemu świnie na waszej planecie tak dużo jedzą? Pragną całej energii dla siebie. W waszym świecie są dalekie od doskonałości. Są jednak zabawnymi zwierzętami.

Ludzie na Ziemi czerpią wiele z poczucia humoru świń. Nie ma ono najmniejszego sensu. Świnie nie chcą być zrozumiane. Wolą się bawić. Mieć dzieci i imprezować razem z nimi. Są odkrywcami świata. Tworzenie cywilizacji jest dla części z nich nudnym przedsięwzięciem.

Można powiedzieć, że świnie zostały zmuszone do pomocy ludzkości. W rzeczywistości nie chciały mieć z wami niczego wspólnego. Koty dodały DNA świńskiej skóry do współczesnego ziemskiego człowieka. Ludzie nie byli temu przeciwni, w odróżnieniu od Reptylian. Toczono wiele galaktycznych wojen przez tak niewielką ingerencję w ludzką rasę.

Obce rasy świń zakładają swoje cywilizacje na podobieństwo ludzi. Większość tych światów jest prymitywna lecz bardzo zaawansowana technologicznie. Istnieją miliardy świńskich ras.

Guźce są znane jako rasa wojowników. Podobnie do ludzi mogą być zdobywcami. Świnie znane są z tworzenia księżyców, które następnie niszczą. Niektóre są bardzo podobne do ludzi jeśli chodzi o pozycje seksualne i rozrodcze.

Świnie próbują wszystkiego i nie boją się porażki. Są też znane z zamiłowania do przygód - wspinają się na góry, nurkują w głębinach. Pomyślcie o współczesnym ziemskim człowieku i dodajcie świński nos.

Ten rodzaj człowieka-świni istnieje już miliardy lat. Świnie ingerowały w genetykę człowieka. Razem z małpami tworzyły różne rasy ludzi zanim koty stworzyły ziemskiego człowieka.

Koty stworzyły człowieka, zaludniły Syriusz, Plejady itd.

Historia w której koty zapoczątkowały rasę ludzką nie jest prawdziwa. Człowiek stworzony przez koty był popularny i stał się obiektem pracy nad rasą ludzką. Koty nie były jednak pierwsze.

Istnieją małpo-podobne stworzenia z głowami świń. Niektóre z nich mają zakaz zbliżania się do Ziemi ponieważ powodują problemy we wszechświecie. Czy świnie sprawiają problemy na Ziemi?

Znacie określenie imprezowicz (ang. party animal)? Termin ten pochodzi od świń. Brak umiaru w zabawie i piciu to ich styl życia. Są często autodestrukcyjne. Niektórzy prezesi wielkich firm na waszej planecie należą do świń.

Świńscy imprezowicze podbijają światy dla zabawy. Gdy zostaną wyrzuceni ze świata, szukają następnego. Niektórzy mogą być zabawni, inni są destruktywni.

Istnieją światy i wymiary, w których świnie są podobne do rasy Grey - bardzo agresywne i działające mechanicznie. Zestrzeliwują statki i podbijają planety by zwiększyć swoją populację. Dodają swoje DNA do tylu gatunków, ile możliwe, by pokazać dominację i zabezpieczyć istnienie swojego.

We wszechświecie istnieją też wojenne świnie, tam, gdzie spotkać można obcych-zwierzęta. Wiedza lub obecność człowieka w takim miejscu jest bardzo rzadka. Gdy człowiek zostaje porwany ze swojego świata, pokazuje się go na wystawach w niektórych światach. Świnie mają różne cechy charakteru. Niektóre są bardzo przyjazne, inne bardzo agresywne i skore do przemocy.

W pewnym momencie zdominowały rasę ludzką na waszej planecie. Można powiedzieć, że wasza skóra jest warstwą manipulacji, a ciało to klatka. Aktywując w sobie wyższe wymiary zobaczycie, że wasza skóra reaguje na delikatną, wibrującą energię, dzięki której możecie połączyć się z własną skórą i poczuć organy w waszych ciałach.

Zamiast krwi poczujecie delikatną moc. Wysokie pole energii. Będziecie nią odurzeni. To jedno z najlepszych doświadczeń w waszym życiu.

Ivan Teller

Wojsko i Matrix

Wojsko które widzimy na naszym świecie nie ma na celu zapewnić nam bezpieczeństwo przed obcymi najeźdźcami. Służy do tego by utrzymywać nas w matriksie naszej rzeczywistości. Firmy lotnicze, takie jak Boeing czy Lockheed Martin, otrzymały o wiele więcej pieniędzy od rządu niż podano do publicznej wiadomości.

Wojskowe firmy kontraktowe kontrolują rząd nie ujawniając swoich prawdziwych intencji. Firmy kontraktowe są tworzone by oszukiwać opinię publiczną. Gdyby pojedyncza firma otrzymała wszystkie zlecenia, łatwo było by dopatrzyć się oszustwa. Tworzy się więc firmy, które kontrolowane są przez rządzącą elitę.

Wojsko utrzymuje ludzkość w matriksie. Mówi się, że wojsko ma zapewnić bezpieczeństwo. W rzeczywistości służy zniewoleniu. Wielu z tych militarnych kontrahentów kontroluje świat. Większość ludzkich czakr zostało zmienionych lub uszkodzonych przez radiację użytą na waszej planecie - mikrofale, telefony komórkowe, radary. Gdy nie ma zezwolenia od wojska, odnalezienie dowodu w świecie fizycznym staje się problemem.

Istnieje ciemna strona wojska, która wie wszystko. Wspiera je mroczna elita. Źli Reptylianie są jedną z takich grup.

Wielu reporterów znanych z głównych sieci telewizyjnych nie ma duszy. Zamiast nich wszczepiono im mentalne implanty. Słynni spikerzy radiowi zostali zmanipulowani by rozsiewać agendę matriksa. Psychiczna agenda czuwa. Połączenie z waszymi przewodnikami i wyższymi duchami pozwoli Ziemi oczyścić się z manipulacji matriksa. Wraz z przebudzeniem kontrola nad wami będzie słabnąć.

Bazy wojskowe na całym świecie służą wysokim elitom do zniewolenia ludzkości. Hollywood i inne źródła rozrywki mają utrzymywać was w tym stanie. Dobre elity będą jednak towarzyszyć wam w przebudzeniu. Jedyne czego potrzebujecie to cierpliwość.

Wojsko rządziło ludzkością od czasów Rzymu. Watykan wykazuje się militarną obecnością, która wymaga od wojska wykonywania ścisłych poleceń na całym świecie. Wielkie korporacje, takie jak Disney, wydają ogromne sumy pieniędzy na parki rozrywki by podtrzymywać swoje manipulacje.

Mówią, że chodzi im o pieniądze. W rzeczywistości chodzi im zatrzymanie was w trzecim wymiarze. Udogodnienia trzeciego wymiaru zaczną jednak zanikać. Większość ludzi będzie temu zaprzeczać. Gdy prawda urośnie w siłę, otrząśniecie się z trzeciego wymiaru. W waszym życiu nadejdzie wiele zmian na lepsze.

Wielu z tych, którzy nie chcą się zmienić i gloryfikują materializm, będzie miało problemy z uwolnieniem się od bycia programowanym.

Wielkie firmy są karane za nieskuteczne utrzymywanie ludzi w matriksie. Ich akcje spadają na wartości, następnie grupowo zwalniają ludzi. Mają za zadanie motywować ludzką populację do pozostawania pod wpływem nowych produktów matriksowej propagandy.

Kim są prawdziwi ludzie? Prawdziwi ludzie są wolni i mogą podążać w każdym kierunku. Odkrywać, dzielić się swoimi talentami i, przede wszystkim, cieszyć się z dobrego życia.

W tym świecie każda narodzona istota zostaje niewolnikiem. Manipulacje i ataki mrocznych sił rozpoczynają się od pierwszego dnia po narodzinach. Jeśli zamierzacie pozostać na tej planecie, podporządkujecie się ich zasadom.

Mentalność ulegnie zmianie.

Dzieci będą uczyć się od rodziców. Rodzina będzie wzrastać na ich talentach i tworzyć dla wszystkich lepszy świat.

Nowe nastawienie umysłowe zawita w ludzkiej świadomości.

Pentagon w Waszyngtonie jest centrum tego wszystkiego. Pod ziemią znajdują się bazy rządu cieni. Pentagon jest miejscem początku wielu misji. Bogata elita używa go na całej planecie do swoich wojen.

Wyobraźcie sobie bogate elity, które nie mają nic do roboty w sobotni wieczór. Dzwonią do Pentagonu by wysłać oddziały chcąc zaimponować sobie nawzajem lub użyć wojska jako rewanżu na znanym przeciwniku.

Utworzenie ISIS i innych form terroryzmu to wszystko gra elit.

Wojskowe kompleksy przemysłowe używa się przeciwko ludzkości. Nie służą jej w żaden sposób, jedynie bogaczom do zdobycia większej władzy i ograniczenia ludzkiej świadomości. Łączenie się z waszymi przewodnikami i wyższą świadomością pozwoli wam lepiej zrozumieć całą sytuację.

Przemoc, pożary – wszystko to używając broni przeciwko ludzkości. Gdy ludzkość pozna prawdę, nadejdzie przebudzenie na całej planecie. Usunięcie wojska zwiększy energie wzniesienia i utworzy nową Ziemię.

Do tego czasu wojny psychiczne nasilą się, a odpowiedzi na nurtujące pytania zostaną ujawnione. Wykazujący się intuicją będą w stanie zagłębić się w świadomość Iluminatów i ją zrozumieć. By położyć kres siłom ciemności trzeba zrozumieć mechanizmy ich działania oraz wyzwolić się z ich manipulacji.

Większość ludzi traktuje się jak zwierzęta w klatkach. Piąty wymiar może zostać osiągnięty jedynie poprzez zerwanie ze starym nauczaniem. Elity są głównym problemem światowych problemów. Ludzkość, dając upust chciwości uległa ich manipulacjom, kłaniając się religiom.

Wojsko napełnia energie matriksa. Dusze uwięzione w cyklu inkarnacji można liczyć w miliardy. Kulty religijne oraz inne formy duchowego ograniczenia napędzają cykle inkarnacji. Istnieją sposoby, by się z nich wyrwać. Jednym z nich jest zerwanie z kultami.

Buddyzm jest jednym z przykładów. Nie jest doskonały jednak pozwala duszy uwolnić się od przeszłości i odnaleźć pokój. Pozwala również na bycie ciekawym bez nakładania ograniczeń przez innych. Być sobą, wolnym do tworzenia własnych zasad. Wierzcie w to, co dla was najlepsze. Połączcie się z rzeczywistością, która zapewni wam komfort.

Elity używają ludzi jako niewolników. Nie będzie to jednak trwało w nieskończoność. Dbają również o utrzymanie infrastruktury życia zanim ludzkość odbije planetę. Nim ludzka rasa w pełni odzyska swoją moc, obecny stan rzeczy będzie trwał dalej.

Co pozostanie po wyzbyciu się nienawiści i paranoi? Być może odnajdziecie w sobie miłość i wdzięczność dla innych. Połączcie się z waszymi przewodnikami i wyższymi duchowymi aniołami. Przekroczcie osie czasu i rozwińcie w pełni swój potencjał.

Odnajdźcie w sobie pokój i pozwólcie ciekawości wykroczyć poza ten wymiar. Połączcie się ze wszechświatem i pozwólcie swoim wyższym energiom przez was przepływać. Rozwińcie waszą intuicję i odnajdźcie prawdziwą równowagę.

Odłączcie się od manipulacji trzeciego wymiaru i połączcie się z wyższymi duchowymi energiami.

Odblokujcie matrix. Odblokujcie strach. Odkryjcie człowieka na nowo.

Wykroczcie poza fizyczne realia i połączcie się z wyższymi gwiezdnymi istotami. Istoty te istnieją dla waszego dobra. Otwórzcie wasze koronne czakry i połączcie się z wyższymi światami, które istnieją w gwiazdach.

Wiedza niższych struktur astralnych jest potrzebna. Nie oznacza to jednak, że nie możecie wznieść się ponad nią. Niektórzy tego nie potrafią - nazywamy to współczesną rzeczywistością.

Wyższe energie astralne uleczą trzeci wymiar dzięki waszym czynom i myślom. Energie z wysokich źródeł pomogą urosnąć waszym umiejętnościom. Poczujcie jak wasza intuicja zostaje uleczona. Mądrość przychodzi w różnych formach. Nie musicie widzieć przyszłości. Wszystkie osie czasu dzieją się teraz. To, jak czujecie się teraz wpłynie na waszą przyszłość. Możecie zobaczyć przyszłość jeśli wiecie gdzie jej szukać.

Przyszłość i przeszłość dzieją się teraz. Wszystko dzieje się teraz. Czas może zostać usunięty.

Wznieście się ponad ten wymiar do planów astralnych. Spójrzcie na Ziemię z gwiazd.

Co widzicie?

Czy widzicie Reptylian wokół wojskowych baz? Zeta Grey połączonych z waszą technologią? Wielu Syryjczyków inkarnuje się jako Zeta i przenosi swoją wiedzą przez ludzkie wcielenia. Niektórzy ludzie, wymyślając nowe technologie wydają się bardzo podobni do robotów.

Współczesna technologia została sprowadzona przez ludzi metodą channelingu. Dlaczego ludzkość tak bardzo polega na telefonach? W innych światach łączenie się z technologią jest normalne. Gdy łączycie się z waszymi telefonami stajecie się podobni obcym. Telefony mogą przejąć nad wami kontrolę. Gdy rozmawiacie z kimś przez telefon lub na komputerze, łączycie się z ich energią.

Gdy ludzkość się otworzy, będziecie w stanie zajrzeć do umysłów innych i usłyszeć przeznaczone dla was myśli. Otworzenie telepatycznych portali jest esencją rozwoju duszy. Ma on miejsce tu i teraz.

Istoty Międzywymiarowe

Czy kiedykolwiek myśleliście o rzeczywistości, w której dominującymi rasami były kształty?

Czy kiedykolwiek rozmawialiście z pudłem? Skąd pochodzą te kształty? Są z innego wszechświata, w którym przedmioty są królami. Kształty każdego rodzaju nieustannie tworzą formy. To płynna rzeczywistość, w której pudło jest królem.

Pudło staje się dominującym gatunkiem nad innymi kształtami.

Witamy w piątym wymiarze.

To wstęp do pudełkowatych ludzi. Nazywajcie ich jak chcecie. Obserwowali wasz świat przez bardzo długi czas. Pomyślcie o społeczeństwach ludzi z głowami w kształcie pudeł, okręgów, trójkątów itd.

Zauważcie, że wieżowce na waszej planecie są w kształcie prostokąta. Czy inny wymiar przemawia do waszego świata? Zdecydowanie tak.

Gdy ludzkość ewoluuje z mentalności więźniów, zobaczycie jak naprawdę płynny jest wasz świat. Istnieją wodne światy połączone z waszą planetą... światy ognia i śniegu połączone z waszym światem i wymiarem.

Co trójkątni i pudełkowi ludzie usiłują wam powiedzieć?

Dlaczego większość z was mieszka w mieszkaniach w kształcie pudeł? Pudło jest najczęstszym kształtem na waszej planecie. Co mówią pudełkowi ludzie?

Obudźcie się, ludzie!

Rasy kształtów łączą się z waszą planetą by towarzyszyć jej w rozwoju i powrocie do astralnych rzeczywistości. Pewnego dnia ludzkość porozmawia z waszym domem. Porozmawiajcie z drzwiami i zapytajcie się, z którego wymiaru pochodzą. Dlaczego wybrały właśnie was?

Jedynym sposobem na wyzwolenie waszego społeczeństwa jest ujrzenie świata takim, jakim naprawdę jest.

Pójdźcie jeszcze dalej. Dlaczego wybraliście właśnie tę restaurację lub sklep? Możecie w to nie uwierzyć ale sama żywność prosiła was o bycie skonsumowaną. Rozmawialiście kiedyś z hamburgerem?

Wraz z odejściem z trzeciego wymiaru wasza rzeczywistość stanie się bardziej płynna.

We wczesnych fazach formowania się Ziemi przewidziano kształt waszej przyszłości. Wymiary które tworzą przedmioty na waszej planecie, takie jak krzesła i budynki, były powiązane z waszą planetą.

Matka ziemia sprowadziła energie swojej witalności. Matka ziemia i bóg są w zasadzie tym samym. Budynek niczym się nie różniący od drzew i trawy jest portalem do innych wymiarów. Ludzie na Ziemi są istotami trzeciego wymiaru.

Cykl duszy która znajduje się w nieustannym ruchu.

Ziemia została stworzona w Wąskim Wymiarze, ukrytym wszechświecie który w tamtym czasie nie został jeszcze w pełni poznany. Kieszenie nie znanej wcześniej energii zostały sprowadzone do tego wszechświata. Pozostali z innych wszechświatów wymieszali się w jedno.

W trzecim wymiarze przypominali z wyglądu czarną dziurę.

Gdy Ziemia była transmitowana do wszechświata, została stworzona w kształcie odzwierciedlającym jej świadomość. Wywołało to na początku nową falę energii. Była czymś wyjątkowym.

Niczym szachownica z wieloma warstwami zdolnymi do ekstrakcji energii do tworzenia nowych, nigdy wcześniej nie spotykanych gatunków. Nowe rodzaje jaszczurek i myszy razem z nie spotykanymi wcześniej insektami, można było od-

Brama do piątego wymiaru

należć na Ziemi.

Wielu zwierząt które uformowały się wraz z Ziemią nie ma już na waszej planecie.

Wraz z odejściem ludzkości od trzeciego wymiaru, Wąski Wymiar stanie się dla was wyraźniejszy. Istoty-kształty występują zazwyczaj w grupach. Trzymają się razem i tworzą wszechświaty pozwalające na więcej ruchu i przejść wymiarowych.

Widzieliście kiedyś w kosmosie planetę w kształcie pudła lub piramidy?

Płaska Ziemia powinna przyciągnąć uwagę. Ziemia łączy się ze wszystkimi wymiarami. Jest wszystkich rozmiarów i kształtów. Wiele z nich współczesna nauka nie jest w stanie wyjaśnić.

Pomyślcie o świecie składającym się jedynie z przedmiotów. Przemieszczających się gdzie tylko zechcą. Można powiedzieć, że żyją prostym życiem. Rozmowa jest innym tematem. Pochłaniają nawzajem swoje energie. Gdy obcy połączą się ze swoimi światami, jedyne co zobaczą, to otaczające ich ze wszystkich stron przedmioty.

Niektóre przedmioty są miłe, inne nie. Niektóre lubią grać w gry używając waszych technologii. Możecie wpaść w pułapkę na takiej planecie. Mają swoje sposoby na otwarcie waszych telepatycznych umiejętności, by się z wami kontaktować. Większość światów-kształtów jest jednak przyjazna.

Istoty-kształty mogą transformować swoje energie by przybierać formy obcych istot, które je odwiedzają. Projekt jest w formie kształtu, nie jest więc idealną kopią.

Czuliście się kiedyś niemile widziani w budynku albo domu? Czasem sam budynek nie chce waszej obecności. Trudna przeszłość domu jest czasem bardzo realna.

Świadomość budynków na tej planecie nie różni się od energii natury. Gdy ludzie przyjmują narkotyki zmieniające ich stan umysłowy, łączą się z zewnętrznymi wymiarami otaczającymi ich planetę.

Mówiące krzesło lub ściana nie powinny być zaskoczeniem.

Kwadratowe i prostokątne kształty są najbardziej prominentne na waszej planecie.

Te formy najlepiej obecnie pasują do struktur waszego społeczeństwa. Gdy energie waszej rzeczywistości ulegną zwiększeniu do czwartego wymiaru, nastąpi przejście. Sposób w jaki żyjecie ulegnie zmianie. Będziecie żyć w domowym kręgu.

Teleportacja tej struktury do innej części waszego świata nie będzie trudna.

Człowiek

By zrozumieć klimat waszej planety oraz dlaczego świat wygląda tak, jak wygląda, musicie wiedzieć, że ludzkość nie mogła udźwignąć swojej prawdziwej mocy w starożytnych czasach. Pewnie już o tym słyszeliście.

W czasach Atlantydy ludzkość posiadała niebywałą moc. Została ona jednak użyta w zły sposób, a następnie przepadła. Od czasu ostatnich dni Atlantydy ludzkość przygotowywała się na odzyskanie swojej mocy.

Dlaczego jest tyle zła na tej planecie? Ludzkość przygotowuje się na odzyskanie mocy.

Na planecie jest tyle zła ponieważ ludzkość przygotowuje się do ponownego połączenia z wszechświatem. Im więcej zła, tym większa siła.

Każdy jest swego rodzaju studium. Odzyskiwanie mocy nieprawdopodobnej magii jest bardzo intensywne i bardzo trudne do udźwignięcia. Mówią, że stworzyliście miasto dzięki waszym umiejętnościom. Potem widzą waszą miłość z kolejną osobą. Energie zazdrości płoną. Nie jesteście w stanie nad nimi zapanować. Krzywdzicie obie osoby przekonani o słuszności waszej decyzji. Czasem idziecie dalej, krzywdząc ich rodziny a następnie pozbawiając ich życia. Dlaczego tak się stało? Na tym poziomie wolno wam wszystko.

Atlantydzi czynili podobnie... nie były to jednak działania na szeroką skalę. Irracjonalne myślenie zaprowadziło Atlantydów na skraj szaleństwa. Zniszczenie planety było w starożytnych czasach nie do uniknięcia. Zamiast destrukcji planety, Atlantyda została wymazana z historii.

Nie wszyscy z was to zauważyli. Piramidy są znakiem ogromnych źródeł energii. Relikwią przypominającą o starożytnych czasach. Ludzkość zbudowała piramidy wpływając na nową kulturę życia.

Wraz z eksperymentami Atlantydy z nowymi technologiami i nowymi warunkami życia, nadużycia władzy były nie do uniknięcia. Człowiek jakiego znacie był ostatnim z eksperymentów. Jest ostatecznym produktem do dnia dzisiejszego.

Z pomocą Annunaki i innych gatunków, został wprowadzony nowy człowiek. Kolejny człowiek o wielkiej mocy nad którą nie był w stanie zapanować. Jedyna różnica polegała na tym, że tym razem można go było wyłączyć. Właśnie to uczyniono.

Obecne DNA ludzkie ma atlantyckie korzenie. Jedyną różnicą jest to, że większość jego mocy poświęcona jest podtrzymywaniu życia.

Ludzie którzy mordują się nawzajem, usiłują się reaktywować. Atlantydzi byli w stanie zabić jedną myślą. Byli aż tak potężni.

Czy Reptylianie rzeczywiście manipulują ludzkością?

Manipulacje są dozwolone celem nauczania. Ataki są ściągane, przebywanie w obecnych ciałach nie jest łatwe. W tym niskim wymiarze nic takie nie jest. Dzieją się w nim opisane wyżej rzeczy. Ludzkość wyrządza krzywdę obcym formom życia.

Nie każdy chce powodować zakłócenia, jest jednak wystarczająca ilość ludzi, którzy tego pragną. Spójrzcie na obecne środowisko planety – nie zawsze przyjazne miejsce. Ludzkość uczy się odpowiedzialności za swoją moc.

Obecne warunki i trudności w uczeniu się są potrzebne. Nigdy nie miało być łatwo.

Ile światów zniszczyli Atlantydzi? Bardzo wiele planet.

Czy to wyścig dzieci? Ludzkość traktuje się jak dziecko przez jej przewinienia w przeszłości. Większość obcych gatunków nie jest nosicielami takiej mieszanki DNA. Pomyślcie o wszystkich narkotykach na planecie, zmieszanych w jeden produkt. O posiadaniu umiejętności super-człowieka. Podróżowaniu między wymiarami bez żadnych problemów. Umiejętności porównywalnych z boskimi, które mogą zostać użyte do zakłócania innych światów lub wpływania na pogodę na innej planecie za pomocą pojedynczych myśli.

Brama do piątego wymiaru

W trzecim wymiarze życie jest tak naprawdę piekłem na Ziemi.

Ludzkość posiada umiejętność odnawiania swojej energii. Stopniowe przejście do wyższych wymiarów już się zaczęło. Droga do piątego wymiaru stoi otworem.

Czy ludzkość naprawdę pragnie tej mocy? Przez obecną rzeczywistość Większość nie jest na to gotowa. Ten poziom jest wstępem do tego, co ma nadejść. Jeśli przejdziecie przez próbę, rozwój będzie w waszym zasięgu. Jeśli użyjecie go w niewłaściwy sposób, spotka was kara.

Energie Atlantydy są wszędzie.

Nad-dusza ma w waszym życiu powody być skonfliktowaną. Zdajcie sobie sprawę z tego, że możecie uczyć się na złu które was spotyka. Przyczyny tego stanu rzeczy nigdy nie będą jasne. Liczy się odnalezienie wewnętrznego pokoju. Czy możecie być samotni? Czy możecie doświadczyć stresu i nie rozgniewać się?

Wszystkie te życiowe próby mają pomóc wam zapanować nad wyższymi energiami. Ci, którzy padają ofiarą nieustannych ataków, są tutaj by przyspieszyć proces nauczania, nawet jeśli nie uważają, że jeszcze niczego się nie nauczyli.

Zeszliście do trzeciego wymiaru by stać się w nim lepszymi osobami. Wznieście się ponad zakłócenia i słuchajcie głosu serca. Nad-dusza pozwoli próbom ulepszyć wasze dusze i utworzyć nowe duchowe kontrakty.

Główny plan tak naprawdę nigdy nie jest znany. Należy pokonywać przeciwności krok po kroku. Szersza perspektywa nie jest w tej chwili najważniejsza. Połączenie z telepatycznymi energiami oraz świadomość duchowego otoczenia z czasem będzie lepsza. Celem jest otwarcie osi czasu i wpuszczenie nowych energii; ucieczka z trzeciego wymiaru i pozwolenie energiom czwartego wymiaru zatrzeć efekty przejścia. Dojdzie do odłączenia się od ducha i przebudzenia trzeciego oka. W codziennych rozmowach pojawi się większa świadomość duchowego otoczenia.
Czy będę w stanie ponownie stać się mieszkańcem Atlantydy? Czy znowu połączę się z wszechświatem i będę mu służył używając moich mocy w dojrzały sposób? Wraz z utworzeniem nowego systemu wierzeń nastąpi ponowne połączenie z jądrem Ziemi. Pojawi się nowy sposób myślenia, w którym zrozumiecie, że wojna między ludźmi dobiegła końca.

Podział nie jest już potrzebny.

Trudno w to uwierzyć ale wszystko w waszych życiach dzieje się z jakiegoś powodu. Dobre i złe wydarzenia mają miejsce w waszych życiach. Czy śmierć istnieje naprawdę?

Gdy ciało przestaje funkcjonować i być schronieniem dla duszy, wraca ona do gwiazd. W rzeczywistości śmierć nie istnieje. Dusza żyje wiecznie.

Koci Obcy Nie Zawsze Są Godni Zaufania

Koty przybyły z innego wszechświata.

Programy rozrodcze zostały uruchomione w całej galaktyce. W nowych światach rozpoczął się koci eksperyment. Gdy gatunek jest w stanie sam o siebie zadbać, założyciele opuszczają go i przenoszą się do następnego świata. Proces ten trwa nieustannie.

Nie wszystkie koty zostały stworzone w dobrych intencjach. Tak jak Reptylianie, niektóre koty zostały stworzone do mordowania i podbojów. Inżynieria genetyczna towarzyszy humanoidalnym kotom do momentu osiągnięcia samodzielności, podobnie jak w przypadku Homo Sapiens.

Zawsze będą istniały różne rodzaje kotów, podobnie jak ludzi w waszym świecie. W niektórych światach koty żyją w czwartym i piątym wymiarze. W innych muszą przejść przez trzeci wymiar.

Istnieją koty-ryby, koty-delfiny, które należą do najpotężniejszych istot we wszechświecie. Delfiny i koty są na podobnym poziomie rozwoju. Sonar u delfinów jest podobny do kociego zmysłu słuchu.

Wyższe zmysły są potrzebne do rozwoju duszy, szczególnie kiedy gatunek jest wystarczająco dojrzały do przejścia prób. Rajski świat jest niezły, stanie się jednak o wiele lepszy, gdy sprosta próbom. Czym jest życia bez wyzwań?

Planeta Lyra, która nie znajduje się już w Lyrańskim układzie gwiezdnym, była jednym ze światów poddanych próbom. Lyranie byli pokojową rasą, znaną z odkryć naukowych. Odznaczała się trudną przeszłością w rozwoju duszy. Nadszedł jednak pokój.

Podobnie jak w przypadku Atlantydy, Lyra miała swoją utopię. Podział władzy między istniejącymi kocimi religiami podzielił rasę. Religia została stworzona dla rozwoju duszy i, tak jak w przypadku waszego świata, wymknęła się spod kontroli. Lyranie poradzili sobie jednak z tym problemem lepiej od ludzi. Zakres manipulacji był też mniejszy niż na Ziemi.

Twórcy tych religii rozpoczęli wojnę na planecie. Wybuchła ponieważ nie byli darzeni szacunkiem jakiego oczekiwali. Jeśli zastanawiacie się skąd pochodzi religia na Ziemi, możecie zacząć zastanawiać się nad jej korzeniami.

Niektórzy Lyranie byli jak Scjentolodzy „Dołącz do nas by dostąpić wielkiej mocy. Gdy zrozumiesz otrzymane dary, jesteś nasz." Wojna na Lyrze trwała przez pokolenia. Psy istniały na tej planecie jako towarzysze oraz domowe zwierzęta. Mieli nawet jaszczurki na swojej planecie. Termin 'zwierzęta domowe' został użyty jedynie dla lepszego zrozumienia.

Większość światów zamieszkuje jedna z odmian owadów. W wielu światach istnieją meduzy unoszące się w powietrzu, tworzące piękne widoki. To trochę jak ocean w chmurach.

Podczas wojny z kotami, stworzony został człowiek jakiego znacie. Struktura jego skóry i DNA bardzo się jednak różniły. W tamtym czasie stworzony został od strony genetycznej człowiek pięcio-palczasty.

Kolejnymi stworzonymi w tamtym czasie byli Nordowie. Wielu z nich zostało Andromejczykami, jednak tymi, którzy wpłynęli na wasz świat byli Aryanie. Ponownie wielu z nich było dobrych. Część stała się bardzo niebezpieczna wraz z rozwojem ich gatunku. Zauważcie jak wiele waszych przywódców religijnych jest białego koloru skóry. Sprowadza się to do zmanipulowanych Aryan, którzy w pewnym momencie sami zaczęli manipulować innych. Tym sposobem nie mieli nic przeciwko oszustwom.

Walka między kotami i religijnymi fanatykami trwała przez wieki. Wojna wprowadziła podział, jednak obie strony zaprzestały walk czyniąc ich świat neutralnym. Jak w przypadku Ziemi żyje tam wielu przyzwoitych ludzi o wielkim sercu. Nie brakuje też tych, którzy myślą jedynie o sobie.

Brama do piątego wymiaru

Ci, którzy są fałszywi powodowali zakłócenia w całym wszechświecie. Mieszkali na Lyrze razem z dobrymi Lyrianami. Wiele się od siebie nawzajem nauczyli. Mimo, że nie było między nimi wojen, nie zawsze się zgadzali. Planeta potrzebowała ich sporów do rozwoju duszy.

Koegzystencja z duszami, z którymi się nie zgadzacie jest wyrazem dojrzałości. Nie jest łatwo żyć z każdym. Istnieją miejsca których się unika, trochę jak zakazane strefy na waszej planecie. Można tam wejść, trzeba być jednak świadomym konsekwencji. Istnieją neutralne miejsca na planecie, w których wszyscy mogą się połączyć. Są też bardzo mroczne regiony w których należy zachować ostrożność.

To tylko jeden punkt widzenia.

Grupa kocich Lyrian w czasach starożytnych zaatakowała Reptylian na Ziemi. Pochodziła z Lyry. Chcieli własnego świata. Ziemia w czasach starożytnych była miejscem zamieszkanym jedynie przez insekty i ryby.

Reptylianie na Ziemi byli w większości nieszkodliwi, przynajmniej do czasu, gdy Lyranie zaatakowali ich z zemsty. Chcieli świata dla siebie. Zaczęła się wojna o Ziemię. Konflikt niemal zakończył się jej zniszczeniem. Został jednak zatrzymany przez Arcturian.

Reptylianie przegrali. Przenieśli się więc na Lyrę, którą następnie zniszczyli. Nie wszyscy Reptylianie chcieli wojny z Lyranami. Zawarto więc pokój. Pokój oznaczał w praktyce, że wojna została przegrana.

Pokój oznaczał również, że Reptylianie musieli powitać koty. Skończyło się to zniszeniem Lyry.

Gdy człowiek stał się idealnym mieszkańcem Ziemi, stał się obrazą dla innych obcych ras, takich jak Reptylianie i koty. Andromejczycy, razem z Pleiadianami i Syryjczykami, są częścią projektu przejścia do wyższych wymiarów na Ziemi. W tamtym czasie rozszerzało się doświadczenie ludzi. Ludzie na Ziemi dzielili się swoim doświadczeniem ze wszystkimi rasami. Andromejczycy wykazywali się brakiem własnego. Musieli się jeszcze wiele nauczyć. Odłączenie się od ducha jest eksperymentem, który w wielu światach bardzo źle się skończył.

Wyciągnięto wiele wniosków z tych doświadczeń. Ziemia była ich przedłużeniem. Stała się nowym rajem, w którym ludzie wkroczyli na nowy etap ewolucji. Człowiek ewoluował wbrew Reptylianom i kotom oraz zbliżającej się wojnie.

Punkt widzenia, w którym ludzie zostali stworzeni do zasiedlenia Ziemi był dla kotów barbarzyństwem. Wybuchła wojna ze stwórcami, którzy pozwolili ludzkości działać na Ziemi. Założyciele ludzkiej rasy zostali zamordowani już na jej początku. Człowiek nie był mile widziany na Ziemi. Dotychczasowe osiągnięcia odeszły w niepamięć.

By obca rasa ewoluowała, musi być poddawana eksperymentom. Nie ma innej drogi. Jednostki, które dysponują zaawansowaną technologią i medycyną są częścią eksperymentu nad ludzkim DNA. Jeśli jesteście obdarzeni jakąkolwiek inteligencją, prawdopodobnie byliście częścią procesu eksperymentalnego w tym lub innych światach.

Każda stworzona forma życia miała swój udział w tym eksperymencie.

Koci tygrys potrafi umożliwiać zmiany na całym wszechświecie. Furia, w jaką wpada gdy nie dostanie tego, czego chce, napędza proces ewolucji wszechświata.

Niektóre obce istoty nie chcą zniszczenia wszechświata. Innym się to udało. Koci tygrys był częścią tego procesu. Do pełnego sukcesu potrzebował połączenia swojej energii z inną obcą rasą. Wybór padł na Archonów.
Karma, która nadeszła wraz ze zniszczeniem wszechświata jest ogromna – zwrócić boga i jego dzieło przeciwko sobie. Zniszczenie części wszechświata wydaje się niemożliwe. Czy na pewno? Z pomocą Boga wszystko jest możliwe.

Fragmenty zniszczonego wszechświata przenoszą się do innych rzeczywistości.

Zapewne macie pomysł na to skąd wzięła się Ziemia. Ta planeta jest cząstką innego wszechświata. Ziemia jest kolejnym krokiem w ewolucji człowieka. Tak jak insekty, pewnego dnia człowiek nasyci wszechświat i stanie się częścią nowego gatunku. Nową generacji człowieka.

Proces kreacji wciąż ulega poprawie. Przy zbalansowaniu dobra i zła, ludzkość będzie dalej ewoluować razem ze wszystkimi obcymi rasami. Uniwersytet i uniwersum brzmią podobnie, prawda? Uniwersalna wiedza nieustannie się zmienia.

Jeśli przetrwacie nudę codziennego życia na Ziemi...będziecie w stanie przetrwać praktycznie wszystko.

Ivan Teller

Życie Galaktycznego Dyplomaty

Poświęćcie wszystko.

Wartości takie jak dobre życie i komfort nie będą mieć znaczenia dopóki wasza misja nie zostanie ukończona. Wiele dusz wpadła na Ziemi w pułapkę cyklu reinkarnacji. Uwięzione dusze stworzyły matrix. Ludzie są przyzwyczajeni do utrzymywania trzeciego wymiaru. System wierzeń utrzymuje agendę matriksa.

Waszym zadaniem, jako dyplomatów, jest asystowanie oraz dzielenie się wiedzą podczas przejścia do czwartego wymiaru. Jesteście trochę jak galaktyczne cheerleaderki. Jedyną różnicą jest fakt, że jesteście nieustannie atakowani.

Podjęliście decyzję by towarzyszyć ludzkości na Ziemi ponieważ zajmowaliście się tym wcześniej w innych światach. Przyjęliście zadanie. Dokonaliście przejścia w gwiazdach by przygotować się na różne grupy obcych i wyższe wymiary.

Czwarty wymiar jest ostatnim przystankiem przed waszą misją i inkarnacją na Ziemi. Dyplomaci różnią się od siebie. Część z nich ma rodziny, inni nie. Ci, którzy ich nie mają, działają incognito. To trochę jak bycie tajnym dyplomatycznym agentem. Najlepiej działać samemu by lepiej skupić się na misji.

By zmienić świat musicie stać się odrobinę dziwni. Może ciężko będzie wam to zrozumieć, ale im więcej komfortu w waszym życiu, tym mniejsza szansa na pomoc ludzkości. Im bardziej cierpicie, tym łatwiej będzie wam ukończyć misję. Im mniej lubicie swoje życie, tym łatwiejsze będzie sprowadzenie wyższych wymiarów.

Wasze zadanie trwa dwadzieścia cztery godziny na dobę. Zamiast spotkać się w barze ze znajomymi, jesteście na chanellingowej misji asystującej ludzkości. Waszej życie jest walką w ukryciu. Nie dostaniecie odznaki wojskowej ani briefingu CIA. Jako galaktyczni dyplomaci zdobywacie informacje drogą duchową.

Gwiazdy są waszymi kontaktami. Zapamiętywanie waszych snów jest mało prawdopodobne. Życie na planecie w oblężeniu nie jest bajką. Udało wam się zdobyć informacje potrzebne do ukończenia waszej misji, zawsze jednak można dowiedzieć się więcej. Wszystko w swoim czasie.

Życie na planecie ogarniętej wojną nie jest łatwym wyborem. Gdy się pojawicie, będziecie przemieszczać się między wymiarami. Niektórzy chanellerzy są tutaj by przygotować dusze na kolejny etap. Wasze życie jako dyplomatów nie będzie łatwe.

Zamknięcie trzeciego wymiaru jest kontrowersyjne ponieważ manipuluje on większością naszej świadomości. Niektórzy Oriończycy zakłócają ziemską atmosferę. Reptylianie, powołując się na swoich przodków z innych wymiarów, chcą cierpienia ziemian.

Ludzie ślepi lecz pewnego dnia przejrzą na oczy.

Jako dyplomaci będziecie odczuwać cierpienie świata. Wygody życiowe są zazwyczaj bardzo odległe - tak wygląda wasza misja. Było wielu dyplomatów przed wami. Ich misje skończyły się porażką właśnie przez wygody życia. Zamiast wyjść na zewnątrz i pomóc, woleli podążać drogą innych uzdrawiaczy i chanellerów i niczego nie zmieniać.

Istnieją Reptylianie którzy gardzą rasą ludzką. Manipulowanie osiami czasu oraz powodowanie problemów psychicznych są ich znakami firmowymi. Wykorzystać tchórzliwych ludzi i zaszkodzić im mentalnie - to ich metody.

Koty używają ludzi by przeciwdziałać tym atakom.

Dołączcie do armii i walczcie na wojnach. Trwa wojna między kotami i Reptylianami. Oba gatunki są wrogie i używają ludzi by walczyć ze sobą. Nuda czyni ludzi leniwymi.

Lenistwo pochodzi od kotów. Używa się go na kilka sposobów, między innymi by zwalczyć stres relaksem. Zrozumcie. Mimo, że nie bierzecie czynnego udziału w walce, nie oznacza to, że nie macie swojego udziału w wojnie.

Ivan Teller

Każdy ma swój udział.

Wykorzystywanie ludzkości można wyczuć dzięki ludzkiej świadomości. Śmiejecie się i odczuwacie ból razem. Gdy jesteście razem na planecie, jesteście jednością.

Na tej planecie wszyscy się znają. Możecie tego nie chcieć jednak jesteście ze sobą połączeni wcieleniami z innych światów. Nie jest łatwo zapamiętać duszę pochodzącą ze świata duchowego. O wiele łatwiej zapamiętać duszę, którą wcześniej znaliście w innym świecie.

Wielu dyplomatów było w przeszłości strasznymi ludźmi. Większość z nich była zła. Ci, którzy byli dyktatorami na innych planetach są idealnymi kandydatami do asystowania w przejściu ponieważ znają mechanizmy działania zła. Gorzej, gdy nie ufają innym przez swoje mroczne wspomnienia. Wielu dyplomatów zdaje sobie sprawę z tego problemu.

Czy ludzkość jest gotowa na pokój po tylu wojnach w swojej historii?

Pokój w domu i na polu bitwy nie należą do zmian najłatwiejszych do wprowadzenia.

Zrozumienie piątego wymiaru jest bardzo łatwe. To wszystkie energie połączone razem. Wasze myśli w umysłach innych. Zrozumienia każdego słowa oraz tysiące myśli w tym samym czasie.

Połączenie z boskimi energiami wyższego ducha pomoże ludzkości podczas przejścia do piątego wymiaru. Boskość i dokładne zrozumienie procesu uleczenia będą odczuwalne na całym świecie.

Wszyscy na planecie są uzdrowicielami. Na razie jeszcze tego nie rozumieją. Spójrzcie, jak potężne są słowa. Mogą was budować i łamać.

Jako galaktyczni dyplomaci musicie mierzyć się z niechcianą dramaturgią oraz mówić rzeczy, których inni nie będą chcieli słyszeć. Zrozumcie - możecie być galaktycznymi dyplomatami i jednocześnie mieć rodzinę. Wieść dobre i spokojne życie.

Ci, którzy pragną jednak dokonać wielkich zmian, muszą żyć w strefie wojny.

Żyjcie w mieście, o które się nie troszczycie. Spożywajcie jedzenie, którego nie lubicie. W waszych życiach nie będzie szczęścia, jedynie produktywność. Możecie przejść przez lata piekła nie znając waszej misji. Mówiąc lata, mam na myśli od trzydziestu do czterdziestu lat życia w nieświadomości.

Gdy staniecie się aktywni, będziecie wiedzieli co robić.

Nastąpi seria wydarzeń, po której będziecie wiedzieli co robić. Nie bójcie się przepływu informacji. Zawsze znajdą się ci, którzy będą się wahali przed procesem chanellingu. Nie każdy moment jest dobry na wymianę informacji. Będziecie wiedzieli kiedy nadejdzie odpowiedni moment na uwolnienie tej wiedzy.

Bądźcie błogosławieni.

Ivan Teller

Jak Działają Duchy Przewodnie

Oto krótki przegląd w jaki sposób działa świat duchowy.

Świat duchowy jest dla każdego na swój sposób unikalny. Nie każdy widzi go w podobny sposób. Zrozumiecie, że w trzecim wymiarze istnieją różne rodzaje duchowym światów i ich definicji.

Niektórzy nazywają je planem astralnym. Inni, światem do którego trafiamy po śmierci. W rzeczywistości zawsze jesteście w gwiazdach i świecie duchowym. Gdy umrzecie, też będziecie się w nim znajdować.

Wasze ludzkie ja jest zaledwie cząstką wyższej świadomości. oznacza to, że tak naprawdę znajdujecie się w różnych wszechświatach i wielu rzeczywistościach w tym samym momencie. Połączenie się z tą energią w całości jest w tym wymiarze prawie niemożliwe. Można połączyć się jedynie z niewielką jej częścią. Znajomość świata i jego mechanizmów jest najważniejsza.

Duchowi przewodnicy są przyjaciółmi i rodziną z innych rzeczywistości, którzy istnieją w świecie duchowym.

Skupmy się teraz na świecie duchowym, nazywając go domem. Gdy wspomnimy termin gwiazdy, będziemy mówić o gwiezdnej podróży we wszechświecie, która jest obecnie związana z ziemską perspektywą.

Świat duchowy jest domem. Jest też wszystkim tym, czym chcecie. Nawet jeśli macie wszystko czego pragnęliście, nie oznacza to, że wasza dusza rozwinie się w takim miejscu. Może tak się stać. Wcześniej musi jednak przejść próby w planie astralnym.

Świat duchowy to wyższe wymiary. Niemożliwym jest określenie, o który wyższy wymiar chodzi. Ludzie na Ziemi mogą osiągnąć w waszej rzeczywistości nawet dziesiąty wymiar. Tak potężna jest wasza świadomość. Jak długo uda się wam podtrzymać taki poziom energii? Dłuższy okres czasu może osłabić każde pole energetyczne.

Nawet w trzecim wymiarze można osiągnąć wymiar dziesiąty. To rzadko spotykany fenomen.

Moc telekinetyczna i latanie mogą być związane z dziesiątym wymiarem.

Możecie mieć tylu duchowych przewodników, ilu zapragniecie. Służą pomocą i informacją w waszej podróży na Ziemi. Niektórzy z nich dadzą wam jedynie kilka wskazówek. To powinno wystarczyć.

Nie zawsze słuchacie waszych przewodników, dlatego istnieją również przewodnicy dodatkowi. Będziecie informować waszych przewodników o wyprawach w mroczne miejsca i związanych z tym problemach.

Dlatego właśnie się tam udajecie. Zanurzenie się w mroku duszy może zająć kilka ludzkich żyć, jest jednak potrzebne dla rozwoju duszy. Dusze które są przekonane jedynie o swoim świetle, chowają swoje mroczne strony. Niektóre z nich należą do najmroczniejszych istot jakie kiedykolwiek spotkacie.

Jak wampiry, używają urządzeń do uwodzenia swoich ofiar.

Nie ma czegoś takiego jak samo dobro na całym świecie. Istnieje równowaga dobra i zła. Wszystko ma swoje dobre i złe strony, włączając Boga i anioły. Nie jest łatwo rozgniewać Boga. Jest to jednak możliwe.

W świecie duchowym zło nie ma mocy w pozytywnych sektorach. Moce te nie są wykorzystywane. Istnieją jednak złe obszary świata duchowego które łączą się z planem astralnym.

Jeśli chcecie piekła, będziecie je mieli. Niektórzy doświadczają piekła na Ziemi ponieważ tego potrzebują. Inni doświadczają go każdego dnia, czując się przez nie wzmocnieni.

Ivan Teller

Wielu lekarzy doświadcza piekła na Ziemi żyjąc w strefach wojny.

Energie Afryki pochodzą głównie z innych planet. Afryka jest centrum uzdrawiania dla dusz pochodzących z innych planet. Istnieje wiele z nią połączonych równoległych wszechświatów. Wydawać by się mogło, że Afryka jest z innego świata.

Afryka pojawiła się z innego świata.

Wasi przewodnicy są członkami rodziny. Tak, możecie zwolnić członków rodziny. Czasem nie mają dobrego wpływu na wasza energię. Mimo tego potrzebujecie ich obecności, nawet jeśli miałoby to oznaczać zrujnowanie sobie życia.

Pamiętajcie, że zawsze możecie ich odciąć. Czasem jednak potrzebujecie ich wiedzy by się rozwinąć. Z przewodnikiem może was łączyć karma. Będziecie chcieli się do niego zbliżyć eksplorując jego energię na Ziemi.

Aniołowie i przewodnicy mogą zawsze zostać wezwani. Aniołami są pielęgniarki, lekarze i doradcy. Archaniołowie czuwają nad wydarzeniami na Ziemi. Jeśli macie jakieś problemy na Ziemi, rozmawiajcie z nimi. Po długiej rozmowie połączą was z ludzką świadomością.

Powiedzą wam, że ludzie uczą się rzeczy, których obcy nigdy nie pojmą. Niektórzy obcy lubią fantazje. Wielu nie chce obciążać się nauką. Jesteście po to, by uczyć się dla nich i być dla nich przewodnikami. Wielu obcych nie potrafi znieść Ziemi. Przynajmniej tak im się wydaje.

By przybyć na Ziemię dusza musi wykazać się odwagą. Musi zmierzyć się z mrokiem na jej powierzchni. Mrok może zostać uleczony. Wiele istot nie jest gotowych z nim się zmierzyć.

Żyjcie pełnią życia i zróbcie, co możecie.

Wiele różnych manipulacji dociera do was z Hollywood i Wall Street. Mówią wam, że powinniście być bogaci. Już jesteście bogaci - wewnętrznie. Wasza wewnętrzna siła jest waszym bogactwem.

Wewnętrzne piękno jest ważniejsze od tego zewnętrznego.

Gdy odkryjecie te odpowiedzi, znajdziecie lepsze połączenie z waszymi przewodnikami. Świat będzie wami manipulował tak długo, jak będziecie na to pozwalać. Gdy powiecie dosyć, wasze energie z czasem się oczyszczą.

Gdy wibracje waszych energii się zwiększą poczujecie waszych przewodników, będziecie też potrzebować z ich strony mniejszej pomocy. Każdy łączy się ze swoimi przewodnikami w swój własny sposób. Niektórzy nie mają ich wcale. Pamiętajcie, że wysoka rada świata duchowego zawsze działa przez was.

Pomoc może nadejść z różnych wszechświatów.

W gwiazdach można rozmawiać ze swoimi przewodnikami albo się ich pozbyć. Plan astralny może również powodować problemy w łączeniu się z waszymi przewodnikami. Potrzeba wiele praktyki by uwolnić się od trzeciego wymiaru. Musicie pozwolić przepłynąć przez was wyższym energiom.

Jeśli tak właśnie wygląda świat, którego pragniecie, przewodnicy mogą mieć problemy w skontaktowaniu się z wami.

Z tego powodu wielu nie zdaje sobie sprawy z ich istnienia. Ten wymiar na to pracuje. Możecie cieszyć się tym wymiarem i połączyć się z przewodnikami. Zrozumcie, energie przewodnie mogą ulec manipulacji tego wymiaru. Niektórzy duchowi nauczyciele widzą tylko tyle, ile chcą zobaczyć.

Duchowy nauczyciel może manipulować swoimi przewodnikami w miarę potrzeb. Jest świadomy obecności wyższych energii. Jego obecność może mieć więcej sensu niż obecność pracowników światła.

Pracownicy światła łatwo ulegają manipulacji.

Zrozumcie, nie istnieją żadne sekrety. Nie ma prywatności. Możecie mieć prywatne sprawy, jednak, czy na dłuższą metę mają one jakiekolwiek znaczenie? Świat duchowy zna detale waszego życia prywatnego.

Idea szpiegującego was rządu – zdajcie sobie sprawę, że świat duchowy szpieguje was od momentu waszego stworzenia. Duszę łatwo namierzyć. Przed rządem nie ma sekretów.

Paranoja trzeciego wymiaru skończy się kiedy będziecie tego chcieli.

Wszystko zależy od jednostek.

Duchowi przewodnicy nie zawsze zgadzają się z waszymi decyzjami. Gdy doświadczacie czegoś negatywnego, oni również. Część z nich cierpi bardziej niż wy sami. Przewodnicy mogą również sprawiać, że błądzicie jednak ich celem jest wasze uzdrowienie.

Połączenie się z Ziemią równoległą pozwoli Ziemi opuścić trzeci wymiar.

Obudzić prawdziwe szczęście wykraczające poza sferę materialną.

Potrzeby materialne są ważne, co jednak w przypadku energii duszy i rozpoznawania wibracji wokół was?

Ludzie są kimś więcej niż obcymi. Jesteście duchową siłą starającą się odnaleźć drogę do odnowienia waszego połączenia ze wszechświatem. Przypomnienie sobie waszego duchowego pochodzenia zajmie trochę czasu. Połączenie się z wyższymi wibracjami i uleczenie waszego życia codziennego pomoże wam nauczyć się rzeczy, których zapomnieliście w tym wcieleniu.

Przewodnicy są z wami każdego dnia, w każdej minucie. Słyszą tylko to, czym chcecie się podzielić. Mogą czytać tylko w tych myślach, na które im pozwolicie. Większość otwiera swoje umysły dla przewodników w całości.

Nigdy nie jesteście sami. Wasi przewodnicy widzą wasze zobowiązania. Jest ich wiele. Dostrzegają całe wasze życie i mają wiele dobrych pomysłów co z nimi zrobić. Nawet gdy zbaczacie z właściwej ścieżki.

Wasi przewodnicy działają przez wasze myśli by przywrócić wam równowagę.

Mistrzowie manipulacji pragną by ludzkość nie wiedziała o swoich przewodnikach, świecie duchowym oraz świecie aniołów. Nie chcą byście ufali swoim metapsychicznym umiejętnościom nawet jeśli używacie ich na co dzień.

Jeśli świat dowie się, że każdy posiada i używa takich umiejętności, wiele osób nie będzie miało pojęcia co zrobić z taką wiedzą.

Czy naprawdę pragniecie uzdrowienia świata, a przede wszystkim siebie? Rozpoznajcie swoje umiejętności i zrozumcie, że w świecie duchowym dzieje się o wiele więcej niż w świecie fizycznym.

Ivan Teller

Anioły i Demony

Tyle jest do zrozumienia o aniołach. Uznajcie to za przyspieszony kurs poznawczy. W kolejnej książce zgłębimy ten temat dokładniej.

Energia symfoniczna aniołów to miłość i światło, którego częstotliwości nie da się zobaczyć, jedynie wyczuć. Ujrzenie energii anielskich jest możliwe jednak w tym świecie można je jedynie wyczuć. Anioły łączą was z innymi światami i uchylają drzwi do innych wszechświatów.

Mogą nosić przy sobie portmonetki, z których możecie podglądać ich pracę. Możecie w nich zanurkować i odnaleźć się w innej rzeczywistości.

Ludzkość połączyła się z niższymi energiami oraz, co może być zaskoczeniem, niższymi energiami kotów. Gdy rozmawiamy o Syriuszu, temat kotów z Syriusza zazwyczaj nie jest poruszany. Tak jak Reptylianie, koty potrafią być bardzo okrutne.

Jeśli chcecie niższych wymiarów, otrzymacie je. Wspominamy o tym ponieważ nikt o tym nie mówi. Nawet ludzie przeprowadzają swoje eksperymenty na kotach, czyniąc je bardzo pięknymi lub okrutnymi.

Nadszedł czas na uzdrowienie Ziemi.

Anielskie energie są wszystkim. To tak jak zobaczyć cały wszechświat przez okno. Każdy anioł jest oknem na kolejny wszechświat. Każdy anioł jest milionem rzeczywistości.

Właśnie dlatego tak wiele dusz ma problemy z cierpliwością. Cierpliwość nie jest istotna w wyższych wymiarach. Jest ona potrzebna do tworzenia światów w nowy sposób. Cierpliwość to kojąca energia, która daje duszy wrażliwość na szczegóły. Jest potrzebna by być lepszym twórcą.

Życie anioła może być rajem lub piekłem. Niektóre zdecydowały pozostać w anielskich światach we wszystkich wymiarach. Bycie aniołem w trzecim wymiarze nie jest łatwe ponieważ nie możecie w normalny sposób połączyć się z anielskimi światami.

Możecie zobaczyć inne światy jednak nie rozumiecie własnego. Archaniołowie są mistrzami niższych wymiarów. Potrafią też balansować te wyższe. Możecie postrzegać ich jako generałów. Nie mają jednak z wojną nic wspólnego.

Istnieją miliardy rodzajów Archaniołów, Michałów, Gabrieli i wielu innych. Połączcie się z tymi, których potrzebujecie. Istnieją kocie i Arcturiańskie wersje Archaniołów Michała i Gabriela.

Archaniołowie w waszej Biblii byli tymi, z którymi ludzie stosunkowo łatwo nawiązywali kontakt. Ich energie były wszędzie. Ci w potrzebie widzieli ich w wielu postaciach. Regiony zhumanizowały ich energie. Michał i Gabriel z wyglądu nie przypominali wcześniej ludzi.

Połączcie się z wyższymi światami i towarzyszcie ludzkości.

Świadomość Archanielskich energii można interpretować jako damską i męską. Wraz z połączeniem się z wyższymi światami, otworzycie się na wszystkie punkty widzenia.

Małżeństwa i związki z Archaniołami? Z ludźmi wszystko jest możliwe. Zrozumcie, istnieją tryliony rzeczywistości, w których każdy ma jakiś związek z Archaniołami.

Demony na waszej planecie pochodzą od upadłych aniołów. Połączcie się z waszą interpretacją. Część tych informacji nie będzie łatwa do przyjęcia. Na przykład ta, że Jezus był kiedyś demonem. Kolejnym sposobem interpretacji jest istnienie powstałej z popiołów, trzymającej ludzkość w potrzasku demonicznej wersji Jezusa na waszej planecie.

Jezus jest też związany z Dżinami. Sam był w przeszłości jednym z nich. Ich energia nadal znajduje się na planecie. Ta informacja nie jest dla wszystkich. Gdy ludzie czczą Jezusa, czczą też Dżinów.

Energia ta nie należy do najpopularniejszych, jest jednak bardzo efektywna w niższych wymiarach.

Światy astralne łączą ludzkość ze światem duchowym. Świadomość obecności świata duchowego nie jest w tej chwili najważniejsza. Ludzkość wychodzi z hipnozy trzeciego wymiaru.

Po zniszczeniu Atlantydy ludzkość cechowały trzy rodzaje energii: wysoka częstotliwość piątego wymiaru, trzeci wymiar oraz niższa częstotliwość planu astralnego. Wysoka częstotliwość musiała zostać zniszczona lub usunięta ponieważ wkradła się do świata fizycznego.

Istoty wysokiej częstotliwości musiały zostać usunięte z planety. Gdyby na niej pozostały, Ziemia zostałaby zniszczona. Istoty te znajdowały się na przykład wokół Egiptu i Angkor Wat.

Wyobraźcie sobie Angkor Wat wypełnione kolorami i wysokim stężeniem energii Tybetu.
Wszystko to musiało zostać zakończone jeśli ludzkość chciała nadal istnieć. Spędzono wiele lat na tropieniu energii Atlantydy. Egipt należał do najbardziej destruktywnych ponieważ wojny spowodowały powódź w Gizie.

Egipt, kiedyś raj wysokich wibracji i uzdrawiania, zamknął niższe wymiary planu astralnego. Ludzie nie mogli tam łączyć się ze swoimi przewodnikami i odkrywać obcych istot. Nie mogli też odnaleźć bogów i ich czcić.

Adoracja miała służyć obniżeniu wymiarów. Greccy bogowie mieli za zadanie obniżyć częstotliwość Ziemi. Nie była to łatwa decyzja.

Z tak niską częstotliwością Ziemi nawiązanie kontaktu z demonami jest bardzo proste. By zrozumieć ich panowanie na planecie musicie wiedzieć, że nawet obcy ulegają ich wpływowi. Kolejną nazwa Ziemi to planeta tortur.

Odłączcie się od wyższych wymiarów. Obcy robią co mogą by towarzyszyć w zwiększaniu waszej częstotliwości unikając wciągnięcia w ciemność. Ludzie w strachu przed obcymi wysyłają mroczne byty, które mają ich zaatakować.

Anioły maja potrzebną wiedzę by towarzyszyć wam w waszej inkarnacji. Koncept prywatności przestał mieć znaczenie. Tak jak przewodnicy, muszą znać was i wasze wewnętrzne tajemnice z każdej strony. Gdy zachorujecie, będą w stanie wam pomóc.

Im więcej wiedzą, tym lepiej. Podzielcie się swoją wiedzą przed kolejnym wcieleniem. Wasi przewodnicy i wyższe ja mogą zakłócić ten proces jeśli zakłócenia wywołuje inna obca istota.

Anioły oraz mroczne istoty mogą w was ingerować. Wtedy natychmiast się nimi zajmujemy. Niektóre anioły mogą się buntować. Wiedzieliście to przed waszą inkarnacją. Konsekwencje inkarnacji są wszystkim dobrze znane. Warunki mogą wam nie odpowiadać. Musicie być szaleni skoro rozważaliście narodziny na takiej planecie jak ta.

Odłączenie się od waszych przewodników jest szalone. Obcy też mają swoich przewodników, jednak więź z nimi jest silniejsza. Na Ziemi spada poniżej pięciu procent. W przypadku obcych jest to powyżej pięćdziesięciu.

Każda istota we wszechświecie jest w unikalnej relacji z duchami przewodnimi i aniołami. Szczegółowe słowne opisanie tej relacji graniczy z niemożliwością.

Demony inkarnują się jako ludzie z wielu powodów. Jedna, by się uleczyć, nawet jeśli powodują piekło na Ziemi. Potrzebują akceptacji i miłości. Wielu bogatych ludzi na Ziemi jest demonami. Nigdy nie przyszło by to wam do głowy. Prowadzą spokojne i ciche życie.

Istnieją dobre i złe demony, tak jak ludzie na Ziemi. Demony mają jedynie problem z pozbyciem się własnego mroku.

Anioły są do nich podobne charakterem. Niektóre są miłe, inne bezwzględne. Ich informacje mogą być mordercze. Niczym srodzy nauczyciele, mogą trzymać w ręce kij, jednak ich zadaniem jest wam pomóc.

Rolą aniołów jest pozbyć się waszych przewodników. Pozbawić ich energii, które wpływają na was w zły sposób. Anioły zazwyczaj nie zwracają się przeciwko osobom, które chronią. Niektóre z nich jednak upadają i przechodzą na ciemną stronę.

Gdy osoba którą chronią przechodzi na ciemną stronę, to samo może stać się z jej przewodnikami i aniołami. Możecie odziedziczyć mrocznych przewodników, którzy przyczynią się do waszej destrukcji. Zobowiązania duszy mogą się zmienić. Wybór ciemnej strony jest dla niektórych łatwą zmianą.

Pozostanie na drodze światła nie zawsze jest łatwe. Wolną wolę cechuje potężna energia na Ziemi. Świat duchowy w waszym świecie poddawany jest ciężkim próbom. Przy tylu ludziach przechodzących na ciemną stronę, może się zawalić. Ma to wpływ na wiele osi czasu.

Liczy się ocalenie. Rozpoznanie waszych anielskich energii pomoże w waszym przebudzeniu. Każdy był kiedyś anielskim duchem. To wasza geneza. Jakim aniołem chcecie zostać, zależy już tylko od was. Czy chcecie o tym pamiętać, czy zapomnieć?

Wielu zapomina o swoich anielskich powiązaniach. Łączenie się z waszymi metapsychicznymi umiejętnościami jest waszym anielskim doświadczeniem.

Liczy się wzbogacenie ludzkiego doświadczenie na Ziemi.

Zrozumcie, wyczucie czasu jest najważniejsze gdy łączycie się ze swoim ja z wyższych wymiarów. Czerpanie z ludzkiego doświadczenia w za dużych ilościach może prowadzić do depresji, w końcu łączycie się z życiami innych.

Wszyscy na tej planecie chcą pomagać innym. Nawet Ci z mrocznymi intencjami mają ludzkie, współczujące serca. Życie będzie łatwiejsze, gdy zdacie sobie sprawę jak ściśle jesteście ze sobą związani.

Faceci w Czerni

Na koniec najlepsze.

Ta książka nie może zostać ukończona jeśli nie wspomnimy o Facetach w Czerni (Men in Black). Są na tej planecie od tysięcy lat. Agenci są Iluminatami lub dla nich pracują.

Jak wygląda życie takiego agenta? Zapomnijcie o prawdziwym życiu. Pracujecie dla systemu dwadzieścia cztery godziny na dobę. Większość ich technologii pochodzi od Zeta, o ile nie została zmanipulowana. Jak wiecie, agenci pracują w ukryciu i mogą pojawić się w każdym miejscu.

Operują w czwartym wymiarze. Ponury żniwiarz jest jednym z nich. W przeszłości byli demonami. Mogą przybrać każdą postać. Czerń jest ich kolorem ponieważ w latach dwudziestych wszyscy nosili czarne ubrania.

Ich styl nigdy się nie zmienił. Wyglądają jak pretensjonalni agenci FBI. Przez większość czasu pozostają w ukryciu. Ujawniają się w ludzkiej postaci. W przeszłości pojawiali się jako mnisi lub istoty demoniczne. Pozwalało to podtrzymywać ludzką wiarę w ówczesnych bogów i religie.

Pojawiali się jako demony jednak nie oznacza to, że nimi byli.

Gdy technologia stała się częścią stylu życia, różne agendy miały za zadanie zachować fenomen UFO w tajemnicy. Nie mogą zaszkodzić Bobowi Lazarowi. Ma w sobie za dużo światła. Zajmują się jedynie odizolowanymi przypadkami.

W większości na terenach obcych.

Zazwyczaj nie noszą okularów przeciwsłonecznych ponieważ szkodzą ich oczom. Agenci, którzy pracują razem w parach, komunikują się ze sobą telepatycznie. Znają swoje myśli. To jak logowanie się do swoich umysłów.

Agenci mogą zostać złamani, a następnie zlikwidowani. Filmy, w których występują służą jedynie odciągnięciu waszej uwagi. Gdy ludzie słyszą o Facetach w Czerni, na pewno powiedzą wam, że to tylko film. To tylko kolejny sposób by jak najdłużej pozostać w ukryciu.

Skąd pochodzą Faceci w Czerni? Zostaliśmy stworzeni. Mamy swoją własną planetę na Syriuszu. W rzeczywistości naszym domem jest wiele planet, nie wolno nam jednak o tym mówić. Ciekawi nas fakt, że ludzie chcą z nami rozmawiać. Wolno nam odpowiadać, musimy być jednak ostrożni.

Jesteśmy połączeniem Zeta Grey, Reptylian, Pleiadian Nordic oraz innych skomplikowanych ras, o których nie wolno nam mówić. Nasze planety są ukryte ponieważ zostały zniszczone przez Nordics. Jesteśmy pogromcami wszystkich ras obcych.

Stworzono nas do bycia niewidzialnymi by kontynuować drakońskie metody działania wszechświata.

Wiemy jak działają oczy i mózg. Pojawiają się znikąd, a następnie usuwają się z naszego obszaru widzenia. Mimo, że nas nie widać, nie oznacza to, że nas nie ma. Jesteśmy znani z manipulacji technologią, komputerami i serwerami.

NSA nas nienawidzi, podczas, gdy CIA nas uwielbia. Jesteśmy efektywni. NSA nas nienawidzi dlatego, że wiemy więcej od nich. Norad jest kolejną wersją NSA, z wyjątkiem przestworzy i przestrzeni poza planetą. Ziemia jest nudnym miejscem. Problem powstaje, gdy obcy z Układu Słonecznego przybywają na Ziemię ze swoimi agendami. Nie zawsze udaje nam się zachować to w tajemnicy.

Pożary w Kalifornii były ostrzeżeniem obcej rasy. To wszystko co mamy na ten temat do powiedzenia.

Jeśli musicie wiedzieć o naszej przeszłości, pojawiliśmy się na waszym świecie jako mnisi. Mroczni mnisi w podróży, którzy usuwają myśli i rozpoczynają wojny. Nie mamy już takich umiejętności. Teraz ukrywamy obcych przed waszymi oczami.

Jesteśmy częścią tajnego kosmicznego programu. Jeśli musimy, odłączamy channelerów i komputery. Niektórzy z nas są Marsjanami. Mars jest starszą siostrą Ziemi, która wszystko już widziała. Ziemia niedługo dostanie sygnał do przebudzenia.

Wiry otwierają przejścia zarówno do innych galaktyk, jak i wszechświatów.

Jeśli chcecie odnaleźć Facetów w Czerni, połączcie się z NASA. Technologie NASA ingerują w ziemską atmosferę powodując trzęsienia ziemi i inne anomalie. Gdy ludzkość przebudzi się i zmieni fundamenty Ziemskiego czasu, NASA się rozpadnie.

W tej chwili NASA trzyma ludzkość w zamknięciu. Zauważcie, że jej członkowie nie podróżują w kosmosie tak często, jak to możliwe. NASA nie interesuje się kosmosem. Istnieje by trzymać planetę w zamknięciu. By ludzie nie mogli połączyć się z kosmosem.

Pamiętajcie... oni mają wyższe zrozumienie tego, co naprawdę się dzieje. Tworzą produkty, które zamykają ludzką świadomość. Agenci NASA są mistrzami kontroli umysłu.

Tajny program kosmiczny został włączony. Powoduje rozbłyski słoneczne i zanik pamięci. Jest też przyczyną zachorowań na raka. NASA stoi za wszystkimi waszymi problemami ze zdrowiem. Jedno jest pewne - ta organizacja nie służy do pomocy ludziom. Gdyby tak było, już dawno bylibyście na Księżycu. Wiedzielibyście też więcej o powiązaniach z obcymi na waszej planecie.

Najściślej strzeżonym sekretem jest obce życie, i NASA o tym wie.

Zaprogramowała ludzi do bycia społeczeństwem niewolniczych robotów pełnych strachu i zmartwień. Kryzysów na giełdzie. Problemy są wszędzie. NASA jest związana z nimi wszystkimi. Iluminati podłączyli się pod NASA. Teraz rządzą planetą z kosmosu.

Gdy ludzkość się zmieni i stanie się bardziej galaktyczna, wasi obcy władcy z czasem przyznają się do swoich win,. Gdy tak się stanie, będziecie lepiej widzieli prymitywność waszego świata. Zrozumiecie też jak wasze osie czasu nakładają się na siebie.
Faceci w Czerni nie jedzą. Nie kierują się też normalnymi procedurami. Zazwyczaj odrzucają ich ludzkie sposoby działania.

Są w stanie manipulować siatkówką oka i wywoływać choroby psychiczne przez wasze oczy. Poprzez mentalne połączenie są w stanie znaleźć się w waszych umysłach i je zamknąć. Mogą uśpić was w każdym miejscu.

Mogą użyć technologii do wyczyszczenia waszych umysłów. Jednym spojrzeniem spowodować utratę pamięci. Zazwyczaj nie dokonują zamiany waszych myśli na swoje własne. Wasza wspomnienia zostają zatarte.

Zrozumieć Facetów w Czerni to trochę jak zrozumieć wszystkie obce gatunki powiązane z Ziemią. Pomyślcie o katalogu obcych, bazie danych na komputerze, w której możecie znaleźć ich słabości. Archoni odegrali ważną rolę w zakłócaniu połączeń, a nawet odcięciu energii Facetów w Czerni.

Ciężko stawić czoła Archonom. Niemal zawsze wygrywają. Dlatego informacje na temat UFO ujrzały światło dzienne. Archoni razem z innymi istotami na to pozwolili.
Świat duchów odgrywa istotną rolę we wzniesieniu.

Świat ten powoli pozwala obcym informacjom powrócić na Ziemię. Wrogie istoty są w stanie w ograniczonym czasie manipulować tymi informacjami i je zniszczyć. Nie wszyscy agenci są negatywnymi egzekutorami.

Wybierzcie sami. Wiedzcie jednak, że nie wszyscy jesteśmy źli.

Chodzimy do pracy, tak jak wy. Nie zawsze ją lubimy. Jedyną różnicą jest to, że jesteśmy zdyscyplinowani i pieczołowicie przykładamy się do naszej pracy.

Możemy łatwo umrzeć. Wystarczy jeden wystrzał lasera. Nie jest łatwo być jednym z nas. Insektoidy nie ułatwiają nam życia. Można nas przejąć i użyć nas przeciwko Reptylianom. MK-Ultra, tacy jak wy nigdy by nam nie uwierzyli.

Nasi kontrolerzy widzą każdy nasz ruch. Gdy przystępujemy do przesłuchania, słyszą każde nasze słowo. Ich kamery są wszędzie.

Notatka: channeling tego tekstu był bardzo trudny ze względu na blokady wokół tej tematyki.

Przebudzenie

Przebudzenie do piątego wymiaru zaczyna się wraz z odrzuceniem świata fizycznego. Przyszłe pokolenia waszego świata dostrzegą wewnętrzne moce. Atlantydzi chcieli pozbyć się wiedzy. Wewnętrzna słabość, znój negatywności oraz mentalność Iluminatów, były początkiem teraźniejszej Ziemi.

Ego poprowadziło ludzkość w różnych kierunkach. Strach przed waszą rzeczywistością jest wielki i destrukcyjny dla waszego społeczeństwa - świata bez tożsamości. Idee niewolnictwa pochłaniają ludzki umysł.

Gdy wasza planeta zostanie uwolniona, połączycie się z energiami i powrócicie do podróży w kosmosie. Nastąpi ponowne odkrycie społeczeństwa i jego sposobu myślenia. Zostaną utworzone nowe osie informacji dla jego uzdrowienia.

Trzeci wymiar jest więzieniem Archonów w waszym świecie. Fałszywym światem, który nazywa siebie prawdziwym.

Połączcie się z waszymi duchowymi przewodnikami i zdajcie sobie sprawę z ich istnienia. Są waszymi przyjaciółmi w duchowej drodze. Gdy wasze DNA zostanie ulepszone a ludzkość wewnętrznie połączy się by zmienić osie czasu, ziarno waszej rzeczywistości wkroczy w nowy wymiar.

Wirtualna rzeczywistość, w której żyjecie zacznie obniżać swoją częstotliwość. Dzięki temu łatwiej będzie ją rozpoznać i zrozumieć. Proście o więcej informacji. domagajcie się wolności. Tylko w ten sposób dynamika prawdziwego świata stanie się dostrzegalna.

Miliarderzy i ludzie bogaci wiedzą o koncepcie duchowego nieznanego. Nie rozumieją go w pełni, doświadczają jednak bycia wolnymi. Krucha natura wolności nie jest niczym pewnym.

Wyobraźcie sobie całe pokolenie ludzi wolnych do robienia każdego dnia tego, czego chcą. Pozytywna natura egzystencji stanie się jeszcze bardziej zrozumiała.

Dowiecie się kim naprawdę jesteście. Pozbądźcie się stresu a będziecie wolni.

Ludzkość jest traktowana w waszym świecie jak bydło. Oszukańcze energie manipulacji przenikają przez waszą kulturę. Wasza praca jest waszą tożsamością we współczesnym społeczeństwie. Praca służy generowaniu dochodu. Tożsamość nie jest jednak tym, czego pragnie większość z was.

Ile osób czerpie satysfakcję ze swojej pracy? Niewiele. Być może cieszą się, że są w stanie się wyżywić i mieć schronienie. Poziom szczęścia jest bardzo niski. Przez swoje ego, dusza szuka rozrywki.

Obecne środowisko rozrywkowe zostało pokryte manipulacjami Iluminatów, programując człowieka na współczesną apokalipsę niczym zombie. Współczesna rodzina została złamana. Współczesne życie jest spaczone.

Krokiem naprzód będzie uwolnienie się od starego programowania. Patrzcie do wewnątrz i połączcie się z waszymi przewodnikami. Oczyśćcie przewodników i odnajdźcie prawdziwą równowagę.

Negatywni duchowi przewodnicy krążą po waszej planecie. Mówią wam, że życie współczesnego hipisa zgarniającego finansowe nagrody, jest właściwe. Liczy się tylko materializm.

Życie w luksusie jest życiem w niewoli.

Rozwój duchowy nie jest łatwy w waszym świecie. Archoni i Reptylianie mówią wam, że ludzie i ich duchowość są złe. Postępujące manipulacje trzeciego wymiaru nadchodzą z każdej strony.

Zrozumcie, możecie podróżować po wszechświecie razem z waszymi energiami. Możecie udać się do krainy szczęścia w waszym umyśle. Co oznacza dla was wolność? Jak rozumiecie szczęście? Pozwólcie swojemu umysłowi w pełni połączyć się z jego wizją.

Jaki jest wasz idealny związek oraz warunki życia? Wejdźcie do świata szczęścia.

Tam skontaktujecie się z obcymi. Świat nazwie ich waszą galaktyczną rodziną.

Jak wyglądacie w tym świecie? Jak ludzie? Jaka forma najbardziej was satysfakcjonuje? Insektoida czy kota? Im więcej wiecie o waszej galaktycznej rodzinie, tym większa zgromadzona przez was wiedza.

Tworzenie nowej rzeczywistości w pełnej wolności i prawdziwej wolnej woli jest lekarstwem na umysł.

Znajdziecie tam schronienie. Nie zabraknie wam też jedzenia.

Bycie bezrobotnym przez dwa lata skłania do znalezienia zajęcia. Cieszcie się, że możecie robić w waszym życiu to co chcecie. Poczujcie miłość w was samych i dla innych. Bądźcie wdzięczni za to, że żyjecie.

To wszystko co mamy w tej chwili do powiedzenia.

Ivan Teller

Krótka lista obcych istot

Krótka lista obcych istot, o których wspomniano w książce:

Plejadianie
Plejadianie są istotami humanoidalnymi, potomkami Lyran. Większość z nich przybiera formę humanoidalną. Istnieją również Plejadianie-zwierzęta, podobnie jak w naszym królestwie zwierząt. Pleiadianie mieszkają w Konstelacji Plejad. Są powiązani z rasą Tall Blonde Nordics. Można powiedzieć, że są hipisami wszechświata. Są tutaj by pomóc nam wszystkim w naszych rodzinnych relacjach. Na Ziemi Plejadianie zamieszkują Afrykę. Wasz ziemski super-żołnierz jest powiązany z Plejadianami. Jest przykładem najwyższego potencjału ludzkiego doświadczenia. Wielu z waszych słynnych sportowców jest Plejadianami.

Syriuszanie
Syriuszanie z Syriusza są istotami oceanicznymi. Żyją na lądzie i w oceanach. Gdy połączycie się z Syriuszanami i zobaczycie plażę, jesteście we właściwym miejscu. Znajdziecie ich energie w Egipcie oraz świecie arabskim. Towarzyszą nam w odnalezieniu najwyższego potencjału. Są powiązani z wielorybami oraz delfinami. Znani jako uzdrowiciele czasu odgrywający ważną rolę w naszym rozwoju. Są humanoidalni, o skórze delfina oraz twarzach ryb. Szpiczaste uszy są ich typową cechą. Można ich odnaleźć w Indiach. Na świecie są zazwyczaj lekarzami.

Lirianie
Lirianie lub ludzie-koty odgrywają ważną rolę w ewolucji Ziemi. Nasza polityka oraz ludzka forma pochodzi od Lirian. Mogą być bardzo wysocy i posługiwać się silną telepatią. Ta starożytna rasa występuje w całym wszechświecie. Humanoidalne koty Liriańskie można spotkać w Egipcie. Istnieją również ludzcy Lirianie, podobni do ludzi na Ziemi. Ludzkie doświadczenie pochodzi od wielu ras, takich jak Lirianie, Syriuszanie oraz Plejadianie.

Reptylianie

Reptylianie, znani również jako władcy wszechświata. Istoty humanoidalne o formie gadziej, z wpływami u królowej oraz populacjach azjatyckich. Pochodzą z różnych części wszechświata. Są siłą, którą wszyscy potrzebujemy. Będąc rasą dominującą, Reptylianie wpłynęli na wiele cywilizacji, takich jak Genghis Khan oraz Imperium Rzymskie. Reptylianie są najczęściej kojarzeni z wojną, jednak wraz z rosnącą wiedzą o nas samych, ich energie pomagają nam w odnalezieniu pokoju.

Yahyel

Jedna z nowszych ras, na podobnym stopniu zaawansowania, co ludzie. Zwani również zaginioną rasą. Powstali dzięki ziemskiemu doświadczeniu ludzi. Ziemia przyspiesza ich rozwój jednak Yahyel wciąż muszą wiele się nauczyć. Młodsze dusze inkarnują się przez nich by asystować Ziemi. Ich wpływy można odnaleźć wszędzie; od banków po branżę medyczną. Nowe wibracje które czujecie, pochodzą od Yahyel. Ich cywilizacje są zaawansowane technologicznie. Po zrozumieniu ziemskiego człowieka planują rozpocząć we wszechświecie kolejny etap ewolucji.

Annunaki

Annunaki są budowniczymi wszechświata. Wraz z przekształceniem się ludzkości w swoją hybrydową wersję, ujrzycie ich energie. Eksperyment ludzkiego DNA. Połączeni z boską świadomością znani są jako rasa nietypowa. Można ich nawet nazwać pomysłodawcami ludzkości. Są twórcami na poziomie nieosiągalnym dla innych.

Zeta Grey

Zeta Grey z Ziemi równoległej oraz Zeta Reticuli. Pochodzą z różnych miejsc. Można powiedzieć, że są hybrydą Annunaki, Archonów, Arcturian oraz insektoidów. Mają różne powiązania. Podróże w czasie są jednym z nich. Towarzyszą nam technologicznie, czasami kontrolują nasze osie czasu. Zeta nie zawsze można zrozumieć, jednak towarzyszą nam w naszym rozwoju. Historie o "Area 51" są prawdziwe. To media starają się je ukryć.

Arcturianie

Arcturianie są duchowymi energiami, które łączą nas wszystkich. Są istotami piątego wymiaru, asystującymi w naszym duchowym rozwoju. Uzdrawiają osie czasu oraz towarzyszą nam w naszych kontaktach ze światem duchowym. Asystują również w końskich energiach oraz wielu innych. Arcturianie zazwyczaj stoją za równowagą we wszechświecie. Wraz z przebudzeniem się Ziemi, ich obecność stanie się bardziej zrozumiała.

Archoni

Budowniczy wszechświata. Znani jako demony lub aniołowie. Często nazywani Nieznanymi. Są tajemnicą wszechświata. Wyzywają obce rasy oraz tworzą nowe początki. Mistrzowie genetyki, którą adaptują do każdej obcej rasy. Można nazywać ich kosmicznymi pasożytami lub też budowniczymi światów. Stoją za ewolucją oraz transformacją idei. Budując bloki wszechświata potrafią tworzyć z czegokolwiek, doświadczając życia w każdym jego aspekcie. Nie ma znaczenia czy są dobrzy, czy źli. Wszystko jest z nimi połączone.

Brama do piątego wymiaru

www.ingramcontent.com/pod-product-compliance
Lightning Source LLC
Chambersburg PA
CBHW052145110526
44591CB00012B/1859